LUZES DA CABALA
REFLEXÕES SOBRE OS CÓDIGOS SECRETOS
DA ÁRVORE DA VIDA

Kadu Santoro

LUZES DA CABALA
REFLEXÕES SOBRE OS CÓDIGOS SECRETOS
DA ÁRVORE DA VIDA

GRYPHUS

Rio de Janeiro

© Kadu Santoro

Revisão
Lara Alves

Diagramação
Rejane Megale

Capa
Kadu Santoro

Adequado ao novo acordo ortográfico da língua portuguesa

CIP-BRASIL. CATALOGAÇÃO-NA-FONTE
SINDICATO NACIONAL DOS EDITORES DE LIVROS, RJ
....
S232L

    Santoro, Kadu
        Luzes da cabala : reflexões sobre os códigos secretos da árvore da vida / Kadu Santoro. - 1. ed. - Rio de Janeiro : Gryphus, 2022.
        178 p. ; 21 cm.

        Inclui bibliografia
        ISBN 978-65-86061-43-7

        1. Cabala. 2. Árvore da vida. I. Título.

22-77528   CDD: 135.47
                                                                       CDU: 141.331.5
....

GRYPHUS EDITORA
Rua Major Rubens Vaz 456 — Gávea — 22470-070
Rio de Janeiro — RJ — Tel.: + 55 21 2533-2508
www.gryphus.com.br — e-mail: gryphus@gryphus.com.br

"Nosso dever é entender a Cabala de maneira inteligente, não apenas como uma questão de fé. Temos de ter o consentimento do nosso próprio raciocínio."
Rabi. M. Chaim Luzzato

"A tua palavra é lâmpada que ilumina os meus passos e luz que clareia o meu caminho."
Salmos 119.105

"Tudo reside na linguagem."
Rabi Chia

Agradeço, em primeiro lugar, a D'us por ter me concedido Sabedoria (Chochmá) e Entendimento (Biná) para a realização desta obra, a memória do mestre cabalista Z'ev ben Shimon Halevi, representante da Tradição Toledana de Cabala, que muito me inspirou, aos estimados colaboradores e amigos de caminhada, Drª. Teresa Akil, Dr. Adilio Jorge Marques, Francisco de Assis Guimarães, Prof. Marco Aurélio de Freitas Albuquerque, com muita gratidão e louvor por toda ajuda e incentivo.

Ao Eterno Criador, à memória de meus pais Renato Moreira e Gilda Matthiesen Santoro, e a toda a minha linhagem ancestral com infinita gratidão, a minha esposa Claudiane Alves Santoro, a minha filha Maria Eduarda e a minha neta Sofia, com muito amor e carinho.

Sumário

Prefácio 13
Introdução 15
A Árvore da Vida – o diagrama de tudo e de todas as coisas 19
Os segredos dos quatro rios no Jardim do Éden 25
A ascensão espiritual em Shavuot שבועות 29
A sabedoria que provém do coração לב 33
O número 13 – sorte ou azar? 37
Aravot ערבות o 7º céu – as janelas da transcendência 39
Samech ס o abraço de Deus que sustenta e cura 43
Ayin ע a luz dos olhos 45
Segredos cabalísticos de Yom Kippur יום כיפור 49
Chesséd חסד o amor incondicional de Deus 51
Início, meio e fim 55
Sinai סיני na presença do misericordioso 57
David דוד e Golias גל ית essência e ego 61
Devekut דבקן o caminho da grande unificação 63
Tikkun תקון a reintegração da unidade 65
Elias אליהו aquele que superou a si mesmo 69
Uma perspectiva cabalística sobre a morte מות 73
Enoque חנוך o iniciado 77
Hitbodedut התבודדות a sós com aquele que É 81
Iessód יסוד o alicerce da Criação 83
Iessód יסוד e os arquétipos da transcendência 87
Yah יה os segredos da consciência messiânica 91
Kerubim כרובים os zeladores do Conhecimento Sagrado 93
Lenda do Zohar sobre Elias e a Torá 95
Liberdade com amor e sabedoria חרות 97
Lilith לילית quem é essa personalidade tão temida? 99
Ma'aseh Bereshit e Ma'aseh Merkavah 105
Maná מן a semente regada que produz frutos da sabedoria 109

Melki Tsedeq מלכי צרק o Rei da Justiça e da Paz............... 113
Metatron מטטרון 115
Mistérios do nome de Adão אדם 119
Moisés משה quem é esse que veio das águas? 121
Não troque a sua primogenitura por um prato de lentilhas
(Bereshit-Gênesis 25.27-34) 125
Sod סוד o caminho do segredo 129
O caos e o vazio segundo a Cabala תהו ובהו 133
O Fogo Criador אש 137
O Templo Sagrado – Local de encontro dos quatro níveis de
consciência 141
Avodah עבודה cuidando do nosso jardim com maturidade 145
Pei פ – O poder que provém da boca 147
Por que buscar fora aquilo que se encontra dentro? 151
Rafael רפאל o arquétipo da cura e da restauração............... 155
Raziel רזיאל a sabedoria que procede do inconsciente.......... 159
Anavá ענוה desprendimento e humildade..................... 163
ARI ערי certeza absoluta.................................... 165
Shalshelet ha-kabbalah שלשלת הקבלה a corrente da tradição ... 167
Sha'ar o portal do entendimento שער......................... 169
Bibliografia 171
O autor... 175

Prefácio

O novo livro do teólogo e cabalista Kadu Santoro, de quem tenho a honra de ser amiga, é um presente para todos os que desejam compreender mais profundamente sobre a Bíblia e encontrar um caminho para uma espiritualidade sadia.

Luzes da Cabala – Reflexões sobre os Códigos Secretos da Árvore da Vida é livro que você lê e relê porque a cada nova leitura aprende e apreende novas nuances sobre os mistérios escondidos nas Escrituras Hebraicas.

A começar pela introdução, onde o autor, de forma objetiva e didática, explana sobre o Pardes, o método farisaico e exegético de leitura bíblica, já mostrando ao leitor que seu livro não será mais um livro "cabalístico mercadológico", mas uma obra de acurado estudo e primoroso exercício de reflexão.

Na sequência, o livro apresenta uma abordagem sobre a Árvore da Vida que, como o próprio autor define, é "a ferramenta exegética da Cabala". Por meio dela podemos encontrar as respostas para questões existenciais como sinalizações para nosso autodesenvolvimento.

Apresentados à Árvore da Vida – Etz Chaim – agora o leitor poderá se aprofundar em tópicos selecionadíssimos pelo autor. Podemos dividir os tópicos abordados pelo autor em três grupos.

O primeiro grupo de textos está ligado às letras do alfabeto hebraico (como Lamed, Samech, Ayin, Pê), onde o autor mostra um significado além da sonoro. Como exemplo, o Lamed, associado ao coração, o Samech, associado ao Oroboros, o Ayin, ao olho e à função da contemplação divina-humana e o Pê/Pei, associado à boca de onde sai a Palavra. Mas isso é só uma fagulha do que o autor revela pelas letras hebraicas.

O segundo grupo de textos reúne alguns personagens famosos (e polêmicos) como David, Golias, Elias, Enoque, Lilith, Melki Tsedeq, Adão, Moisés, Rafael e Raziel, e quais ensinos e reflexões a Cabala pode extrair de cada um deles.

O terceiro grupo de textos reúne verbetes e curiosidades sobre passagens bíblicas que muitas vezes os teólogos cristãos não conseguem dar. Como exemplo, temos o interessantíssimo texto sobre os quatro rios do Éden, pontuados pelo autor como uma alusão/alegoria aos quatro níveis de interpretação das Sagradas Escrituras, o PARDES.

Outro destaque podemos dar ao verbete "Sinai", que nos ensina que ele é muito mais que o nome de um monte, mas uma sinalização de que o caminho para o autoconhecimento é árduo e espinhoso (Sinai ou S'neh ou "moita de espinhos").

Bem, acho melhor parar por aqui ... Caso contrário os *spoilers* serão muitos. O livro *Luzes da Cabala – Reflexões sobre os Códigos Secretos da Árvore da Vida* é, como disse, um presente de Kadu Santoro. Um presente que só poderia ser dado por uma pessoa altamente espiritualizada e que apreendeu profundamente os ensinos dos mestres.

Se você tem este livro em mãos, leia, releia, reflita e mergulhe sem medo de seus ensinamentos.

Profa. Dra. Teresa Akil
Possui Doutorado em Teologia (PUC-Rio), Mestrado em Teologia, Graduação em Teologia e Comunicação Social. É professora de dedicação no Seminário Teológico Batista do Sul e da Faculdade Batista do Rio de Janeiro, na área de Antigo Testamento, Língua Hebraica e Cultura Judaica. Tem diversos artigos e livros publicados, dentre os quais destacam-se: *Noções Básicas de Hebraico Bíblico* (6. ed. Editora Hagnos, 2020); *Antigo Testamento, a Bíblia de Jesus* (Litteris Editora, 2019); *Palavra Exegética – Volume 1* (Litteris Editora, 2018); *Noções da Gramática Hebraica* (Quártica Editora, 2013); *Caminhando com o Povo de Deus – A história de Israel no Antigo Testamento* (MK Editora, 2008), *Hebraico Prático* (Quártica Editora, 2006); e *O que é Bíblia* (MK Editora, 2005).

Introdução

As Sagradas Escrituras de todas as tradições espirituais do mundo sempre foram e continuam sendo um manancial inesgotável de sabedoria e conhecimento para todos aqueles que aprendem a ler e interpretar de forma correta as suas mensagens. Esse é o maior desafio para aqueles que desejam ingressar nos estudos da Cabala.

Em todas as tradições religiosas existem dois círculos de estudos e abordagens das Escrituras: o círculo exotérico (externo) e o círculo esotérico (interno). O primeiro se ocupa com a literalidade do texto, o nível da forma, que é utilizado sistematicamente em sermões, homilias, instruções legais, éticas e morais dentro das molduras dos dogmas eclesiásticos e das confissões de fé inerentes a cada tradição religiosa.

O segundo círculo, o esotérico, se ocupa com a essência da mensagem das Escrituras em seu contexto mais profundo, ou seja, com os aspectos psicológicos e arquetípicos, capazes de despertar no ser humano um padrão de consciência mais elevado, proporcionando a compreensão de si mesmo e das leis que regem o universo.

Em função disso que os mestres Fariseus desenvolveram um método exegético chamado de PARDES – פרדס, palavra de origem persa que significa pomar ou jardim, que também consiste em um acróstico para os quatro níveis exegéticos propostos por eles: פ Pshat, ר Remez, ד Drash e ס Sod. Esses quatro níveis de abordagem e interpretação das Escrituras indicam o grau de dedicação, interesse e profundidade com que o estudante lê e compreende os textos sagrados.

Antes de detalhar cada nível do PARDES, é preciso deixar bem claro que, quando chamamos um texto de Sagrado ou inspirado por Deus, na verdade, significa que foram frutos de uma experiência direta, intuitiva com a fonte, o mundo dos 99%, como chamam os cabalistas, ou, então, como acesso à linguagem do inconsciente, como dizem os psicanalistas.

1º nível – Pshat: Corresponde ao nível mais simples de interpretação das Escrituras e comum à maioria das pessoas, utilizado no contexto exotérico. Consiste no sentido literal, onde o nível de compreensão é superficial, com ênfase no enredo e nos personagens da narrativa, dentro da dimensão histórico-vivencial. Pegamos como exemplo o episódio descrito na Torá da abertura do Mar Vermelho (Êxodo 14.15-30) onde se entende que esse fato teria ocorrido historicamente, ou seja, Deus abriu o mar literalmente.

2º nível – Remez: Significa insinuação. Neste nível o leitor começa a desconfiar que, por trás da literalidade do texto, possa existir alguma informação escondida (por trás de metáforas e alegorias). Também chamado de nível alegórico, onde o foco da leitura não se encontra mais no enredo e na historicidade dos fatos, mas, sim, no que ele possa revelar por trás dos fatos, em um nível mais abstrato. Agora a interpretação da abertura do Mar Vermelho já se encontra em um nível mais profundo, em que o leitor, compreendendo as leis da natureza, percebe que a veracidade histórica seria absurda e contraditória, e que há uma mensagem por trás dessa narrativa.

3º nível – Drash: Corresponde ao nível do ensinamento, sem descartar as duas formas anteriores de interpretação, a literal e a alegórica. A leitura nesse nível requer um aprofundamento maior no texto; é preciso revolver, revirar, escarafunchar, sendo necessárias uma pesquisa mais cuidadosa e uma leitura mais atenta.

O texto, antes obscuro, agora começa a revelar-se e dizer aquilo que estava oculto atrás das letras e no interior de suas palavras. Nesse nível é revelada a vontade divina para a humanidade, e agora o texto possui um valor ético e religioso. Agora, a passagem da abertura do Mar Vermelho toma outra dimensão, reflete a vontade de Deus em libertar o homem da escravidão (Egito), promovendo a liberdade interior e a restauração de sua fé.

4º nível – Sod: O nível mais profundo, também chamado de "místico" ou "segredo". Nesse nível de interpretação, entendem-se as Escrituras, no sentido literal, como uma casca de noz, um traje, a forma, enquanto o Sod corresponde à alma, à essência, onde a relação com Deus se estabelece no íntimo, no coração do estudante, é a via esotérica que une as realidades imanentes e transcendentes.

Esse é o nível em que Cabala opera e, para chegar a ele, é preciso de meditação e contemplação. Finalmente, a narrativa da abertura do Mar Vermelho atinge o seu ápice de entendimento, onde a abertura do mar corresponde à abertura do véu do templo (Véu de Ísis), que significa o despertar da consciência para os segredos do universo, de toda a criação em seus planos visíveis e invisíveis.

Além do método exegético do PARDES, é importante saber que no alfabeto hebraico letras são números e números são letras. Isso significa que as Escrituras foram codificadas, e que somente a Cabala tem as chaves para a decodificação.

Recomendo aos meus alunos e leitores que busquem ler pelo menos três vezes cada texto das Escrituras. A primeira vez, da mesma forma mecânica como já estão acostumados. A segunda, como se estivesse lendo para outra pessoa. E a terceira vez, buscando absorver e sentir o que está sendo lido.

A Árvore da Vida
O diagrama de tudo e de todas as coisas

A expressão Cabala provém do verbo *lekabbel* que significa recebimento, transmissão ou tradição. Esse recebimento consiste na transmissão das chaves secretas que possibilitam a decodificação das Sagradas Escrituras. A tradição da Cabala foi sendo transmitida ao longo dos séculos de forma oral, com a intenção de preservar os seus códigos secretos longe daqueles que não se encontravam maduros o suficiente para recebê-lo. Podemos resumir dizendo que a Cabala é a chave de decodificação dos mistérios da Criação e suas respectivas leis cósmicas.

Agora que já sabemos em que consiste a Cabala, resta falar sobre o seu sistema operacional, o sistema sefirótico chamado de Árvore da Vida – Etz Chaim. A Árvore da Vida é o diagrama que contém toda a realidade criada e incriada. Ela é composta por três partes distintas: as raízes, os ramos e os caminhos.

As raízes consistem nos três estágios da realidade imanifesta (Ain – Nada Absoluto, Ain Sof – O Ilimitado, e Ain Sof Or – Luz Ilimitada) que se encontram acima do topo da Árvore da Vida; os ramos são constituídos pelas 10 sefirot (Malchut, Iesssód, Hod, Nêtsach, Tiféret, Guevurá, Chéssed, Biná, Chochmá e Kéter), e os caminhos correspondem às 22 interligações entre as sefirot, que correspondem às 22 letras do alfabeto hebraico, que, somando com as 10 sefirot, estabelecem os 32 caminhos da sabedoria.

A Árvore da Vida também é constituída verticalmente por três colunas, dentro dos princípios que correspondem às três forças geratrizes do universo: força ativa, força passiva e força neutra. A primeira coluna, a da direita, é chamada de coluna da misericórdia, que carrega em si as potências masculinas, ativas, e promove concessões sem limites. Na coluna esquerda encontra-se a coluna da severidade ou justiça, representa as potências femininas, a força passiva que estabelece as restrições sem limites. A terceira coluna é chamada de coluna da suavidade ou equilíbrio, e consiste no elemento harmonizador que concilia as forças opostas pelo seu aspecto de neutralidade. Essa coluna tem a função de controlar o fluxo das energias que emanam das 10 sefirot, servindo como a coluna vertebral do corpo humano.

A Árvore da Vida é a ferramenta exegética da Cabala. Por meio dela podemos achar as explicações para as questões mais complexas da vida como: de onde viemos, onde nos encontramos e para onde iremos. Além disso, a Cabala nos fornece todas as ferramentas necessárias para o nosso autodesenvolvimento, tanto em nível pessoal quanto em nível transpessoal. Com esse diagrama vocês poderão realizar as suas pesquisas exegéticas na Torá e em toda a Sagrada Escritura, encontrando respostas para tudo aquilo que estiver disponível no seu momento de vida.

"Dez sefirot do nada, dez e não nove, dez e não onze. Entende com sabedoria, sê sábio com entendimento. Examina com elas e sonda delas. Faz com que cada coisa se erga sobre sua essência, e faz o Criador sentar em sua base. (Sêfer Ietsirá 1.4 – O Livro da Criação).

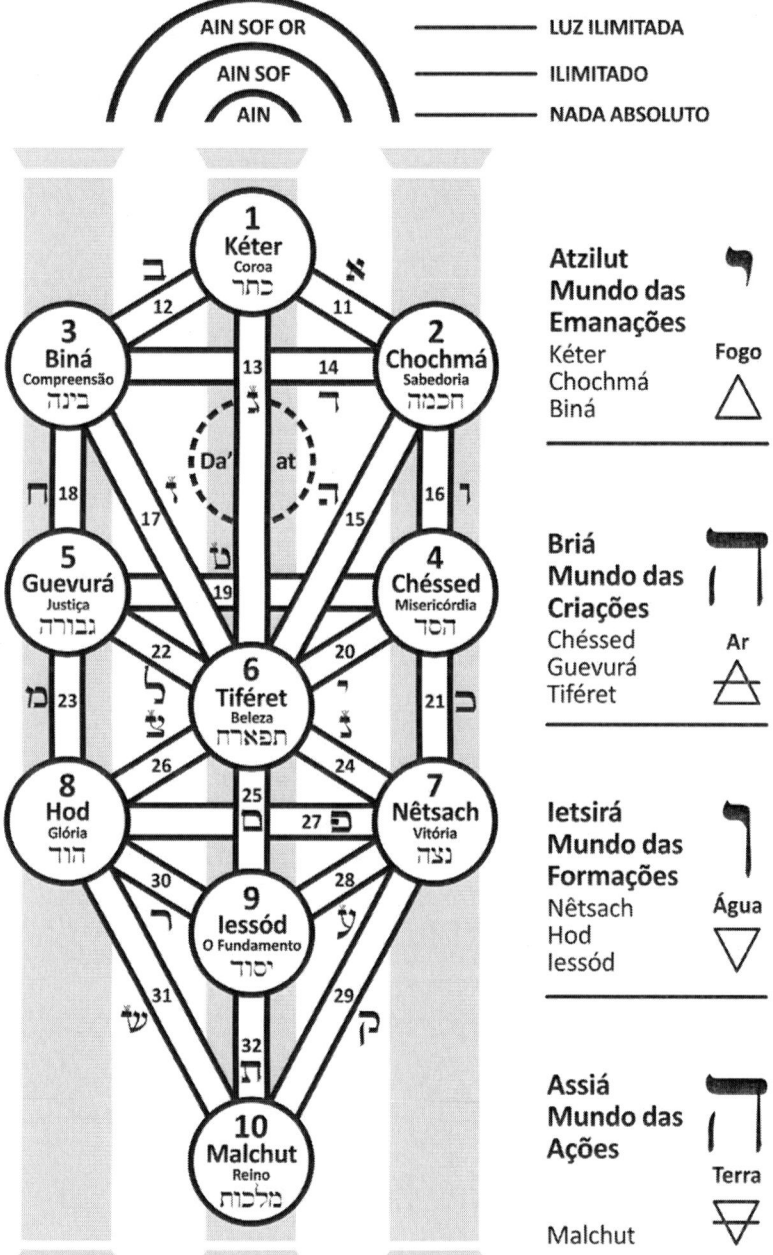

Letra	Nome	Significado	Valor numérico
א	Álef (a,e,i,o,u)	Boi, mestre professor	1
ב	Bet (b)	Casa, tenda	2
ג	Guimel (g)	Camelo, ponte alimentar	3
ד	Dalet (d)	Porta, pobre levantar	4
ה	Hei (h aspirado)	Atenção! Aqui está! Veja!	5
ו	Vav (v)	Gancho, a expressão "e"	6
ז	Zayin (z)	Coroa, espada, arma, cetro, sustento	7
ח	Chet (ch, som de r)	Vida, cerca	8
ט	Tet (t)	Cesto, serpente, abrigo	9
י	Yud (i, j)	Mão (de D'us), continuidade	10
כ	Caf (k aspirado)	Coroa	20

Letra	Nome	Significado	Valor numérico
ל	Lamed (l)	Ensino, aprendizado cajado, elevação	30
מ	Mem (m)	Água, mulher, Mashiach	40
נ	Num (n)	Semente, Peixe, fruto milagre, reinado	50
ס	Samech (s ou ç)	Suporte, apoio, remédio	60
ע	Ayin	Olhos, salvação	70
פ	Pei (p no início, ph ou f no meio)	Boca, Palavra	80
צ	Tsade (ts)	Justo	90
ק	Kuf (k áspero)	Macaco	100
ר	Resh (r)	Cabeça	200
ש	Shin (ch ou x)	Dente, mudança, retorno, duração	300
ת	Tav (t)	Verdade, sinal, cruz, vida ou morte	400

Letra	Nome	Valor numérico
ך	Caf Sofit (final)	500
ם	Mem Sofit (final)	600
ן	Num Sofit (final)	700
ף	Pei Sofit (final)	800
ץ	Tsade Sofit (final)	900

Os segredos dos quatro rios no Jardim do Éden

Na narrativa de Gênesis 2.10-14, encontramos pela primeira vez na Torá, dentro do relato da criação a palavra "nome" – *shem*, surgindo em um contexto fluvial, nomeando um rio que deságua em quatro afluentes, lembrando que o elemento água dentro da Cabala está diretamente associado ao espírito, por ser um elemento mais sutil e menos denso que a matéria como a conhecemos.

O nome Éden tem sua origem no acadiano *edinnu*, que provém da palavra suméria *edin*, que significa "planície" ou "estepe", que se encontra relacionada a uma palavra aramaica que significa "frutífera" ou "bem regada". Ainda tem alguns exegetas (Bíblia de Douay-Rheims) que associam esse nome com uma palavra hebraica que significa "prazer", ficando o texto da seguinte maneira: "e o Senhor Deus havia plantado um paraíso de prazer", ao invés de "um jardim no Éden." Assim também foi chamado o enigmático tríptico de Hieronymus Bosch – O Jardim das Delícias – 1510.

Observe bem que a narrativa bíblica faz uma distinção entre o Jardim e o Éden (Gan Éden – Paraíso – גן עדן, uma vez que o rio sai do Éden para irrigar o Jardim. Os afluentes são chamados de "cabeças" – *rashim*. A guematria cabalística da palavra Éden é 9 – Ayin ע = 70 + Dalet ד = 4 + Num Final ן = 700 = 774 = 7 + 7 + 4 = 18 = 8 + 1 = 9 = Iessód, o Fundamento, o arquétipo da vagina, por onde nascemos vindo das águas, ou seja, o Éden corresponde à origem da vida em Malchut.

"*E um rio saía do Éden, para regar o jardim; e dali se espalhava e convertia-se em quatro cabeceiras. O nome de um (shem ha echad) (é) Pishón, o que rodeia toda a terra de Chavilá, que ali se acha o ouro. E o ouro daquela terra é bom: ali se acha o cristal e a pedra de ônix. E o nome do segundo rio (é) Guichón, o que rodeia toda a terra de Cush [Etiópia]. E o nome do terceiro rio (é) Chidékel [Tigre], o que corre ao Oriente da Assíria [Ashur]. E o quarto rio é Perat [Eufrates].*" Gênesis 2.10-14 – Versão Torá Sêfer.

Agora vamos analisar cabalisticamente o que representam esses quatro afluentes que procedem do Éden. O primeiro rio se chama PISHÓN – פישון, e sua guematria é a seguinte: Pei פ = 80 + Yud י = 10 + Shin ש = 300 + Vav ו = 6 + Num Final ן = 700 = 1096 = 16 = 7. O segundo rio se chama GUICHÓN – גיחון, e a sua guematria: Guimel ג = 3 + Yud י = 10 + Chet ח = 8 + Vav ו = 6 + Num Final ן = 700 = 727 = 7 + 2 + 7 = 16 = 1 + 6 = 7. O terceiro rio se chama CHIDÉKEL – חדקל (Tigre) e sua guematria é: Chet ח = 8 + Dalet ד = 4 + Kuf ק = 100 + Lamed ל = 30 = 142 = 1 + 4 + 2 = 7. O quarto e último é PERAT – פרת (Eufrates) e sua guematria é: Pei פ = 80 + Resh ר = 200 + Tav ת = 400 = 680 = 14 = 1 + 4 = 5.

Observe que o primeiro rio é chamado de "rio um" (naar ha echad) e não "primeiro rio" (naar ha rishone), estando assim dentro da lógica de raciocínio do hebraico, talvez em função para nos dizer que, mesmo que haja uma "hierarquia" entre esses quatro rios, o primeiro não seria necessariamente o primeiro a ser mencionado, assim como a letra Álef, a primeira do alfabeto hebraico, que é sagrada e por isso dá lugar à letra Bet para início do alfabeto, e por isso o alfabeto é chamado Álef-Bet.

Um segredo revelador! Repare que, no enunciado dos quatro rios, somente os três primeiros têm a palavra "nome" – *shem*. O quarto rio, apesar de ter um nome, não é precedido pela expressão "o nome do quarto rio...", por quê?

Temos várias pistas para essa resposta. Perceba que a guematria dos três primeiros rios dá 21, ou seja, cada um dos três rios dá 7 – Nêtsarch – Vitória. A guematria do quarto rio dá 5 – Guevurá – Justiça. Temos três rios dando 7 cada um, e um rio dando

5. Segundo os cabalistas, eles veem nesses quatro rios uma alusão/alegoria aos quatro níveis de interpretação das Sagradas Escrituras, o PARDES, que significa "pomar" ou "paraíso": PeSHaT = Sentido simples, literal; ReMeTZ = Insinuação, alusão, alegórico; DeRaSH = interpretação e SoD = Sentido secreto, oculto, místico.

Logo, perceba que os três primeiros níveis (rios) são iguais no sentido da abordagem racional, e o quarto nível, o SOD, é o nível transcendente, espiritual e secreto, o nível em que a Cabala opera. Podemos fazer essa associação no Novo Testamento, entre os quatro Evangelhos, onde os três primeiros: Mateus, Marcos e Lucas, chamados de sinóticos (semelhantes e históricos), enquanto o quarto Evangelho, o de João, o Evangelho mais elevado e espiritual, aquele que conduz o leitor aos mistérios do Apocalipse, também chamado esotericamente de a Chave de David, que é o nível de SOD, segredo.

Outro segredo importante é que a soma da guematria cabalística dos quatro rios dá exatamente o número do Nome Sagrado – o Tetragrammaton, 26, ou seja, 7 + 7 + 7 + 5 = 26. O resultado guemátrico dos quatro rios é o valor do Nome Sagrado – יהוה.

Ainda temos uma análise profunda na visão hindu, onde esses quatro rios representam as quatro correntes de energia vital na coluna, segundo a teoria dos chakras: Sushuma, Vajra, Chitra e Brahmanadi, e, ainda, os Sufis, a Tradição Esotérica do Islã, ensina que os quatro rios do Paraíso se referem aos quatro canais nervosos sutis no corpo humano, que o praticante é instruído a ativá-los de diversas maneiras, entre elas, por meio das danças/movimentos sagrados dos Dervixes.

Para encerrar, a Água da Vida estudada acima consiste em uma corrente de energia fluídica real, que percorre pelo corpo humano e pelo cérebro nos estados superiores de consciência. Essa Água da Vida possui outros nomes em outras culturas, como Ambrosia, Amrita, Soma e até de Néctar da Imortalidade (Epopeia de Gilgamesh). A água é a metáfora convencional para o fluxo das correntes de energia vital, simplesmente porque *"a verdadeira sensação de transmissão de energia é como água corrente, como uma força que percorre o corpo do agente de cura."* Rosalyn Bruyere, Wheels of Light.

Já que sabemos que água está associada ao espírito, à consciência, também podemos associar esses quatro rios aos quatro mundos ou níveis conscienciais da Árvore da Vida: Atsilut – Mundo da Emanação; Briá – Mundo da Criação; Ietsirá – Mundo da Formação; e Assiá – Mundo da Ação.

A ascensão espiritual em Shavuot שבועות

Conforme a Tradição Judaica, os 49 dias da contagem do ômer são dias preparatórios para Shavuot, que significa "semanas", período em que se comemora a festa das primícias (também chamado de Pentecostes, na tradição Cristã) assinalando a completude das sete semanas entre Pêssach e Shavuot, durante o qual os judeus preparam-se para o recebimento da Torá.

Na Torá, no livro de Vayacrá – Levítico (23.15-16), lemos a seguinte instrução: *"Contareis para vós outros desde o dia imediato ao sábado, desde o dia em que trouxerdes o molho da oferta movida; sete semanas inteiras serão. Até ao dia imediato ao sétimo sábado, contareis 50 dias; então, trareis nova oferta de manjares ao Senhor."*

Primeiro a Torá nos ordena contar 7 semanas, e depois, contar 50 dias. Devemos então contar 7 semanas (49 dias) ou 50 dias? Segundo os sábios, devemos contar até o 50º dia, mas não inclusive este.

A razão dessa regra é que o número 7 representa conceitos da natureza, porque foi no período de 6 dias que o mundo fora criado, e no sétimo dia Deus se absteve de criar, pois, segundo a Sua Sabedoria (Chochmá) e Vontade, consistia em que o mundo se conduzisse dentro das normas da própria natureza, estabelecidas e conduzidas por Ele *"Hamechadesh bechol yom tamid maassê vereshit"* – que renova a Criação todos os dias, continuamente.

A partir dessa breve introdução, vamos ao que interessa, pois não vou perder tempo com observâncias religiosas, e sim com os segredos cabalísticos que nela se ocultam e poucos ensinam a respeito.

Observe a gematria da palavra SHAVUOT: Shim ש = 300 + Bet ב = 2 + Vav ו = 6 + Ayin ע = 70 + Vav ו = 6 + Tav ת = 400 = 784 = 7 + 8 + 4 = 19 = 1 + 9 = 10. Corresponde a sefira Malchut – Reino, local de realização concreta dentro do mundo de Assiá – mundo da ação. Também, representa as 10 sefirot da Árvore da Vida, assim como a Torá por meio do decálogo – "Dez Mandamentos".

Dez é completude, corresponde a eternidade, por isso no Sêfer Ietsirá diz o seguinte: *"Dez sefirot do nada; dez e não nove; dez e não onze; entende com Sabedoria (Chochmá); sê sábio com Entendimento (Biná)..."*

O próximo número a ser abordado é o 49, que corresponde às 7 semanas (7 x 7 = 49). O 7, já sabemos, é o número sagrado para os cabalistas, e sua multiplicação pelo mesmo valor dá 49, que na gematria dá 4 (4 + 9 = 13 = 1 + 3 = 4) que corresponde a sefira Chéssed – Misericórdia. Logo, quando contamos esses 49 dias, recebemos a Misericórdia de Deus pela Torá.

Outra observação cabalística é sobre o primeiro resultado da gematria de 49, que é 13, como já falamos num estudo passado, esse número corresponde à libertação do ciclo dos 12, corresponde à transcendência cósmica – ascensão espiritual, logo, para receber os segredos da Torá, é preciso transcender os 12, navegar em nível de Sod – Segredo.

A questão do 49 + 1, é uma tradição demonstrando que Deus é 1, Echad, indivisível, por isso que também se diz que o Zohar é composto por 21 livros + 1 = 22, ou as 22 letras do alfabeto hebraico, 21 + 1 = 22 letras, sendo o Álef, a primeira letra como sagrada, concedendo ao Bet, a segunda letra como a primeira.

Ainda temos a oferta do trigo, que significa o pão espiritual, a sabedoria oculta da Torá, que deve ser igualmente debulhado, para achar o grão, o sentido mais profundo da mensagem.

Para encerrar, quando compreendemos com maturidade o sentido mais profundo da tradição de Shavuot, não precisamos mais ficar restritos à observância religiosa desse período para nos darmos conta da importância do estudo da Torá em um nível mais profundo e elevado (psicologia esotérica), em Sod – Segredo, de forma a produzirmos uma elevação dos nossos padrões vibratórios e, assim, transcendermos como verdadeiros despertos – Tzadik/Justo, subindo pela Árvore da Vida como Jacó na metáfora da escada celeste, e, por final, se libertando da roda dos 12 (a roda das encarnações), evoluindo para planos celestiais mais elevados.

A sabedoria que provém do coração לב

A letra Lamed – למד ocupa uma posição particular no alfabeto hebraico. Ela é a 12ª letra, e, em sua grafia, é a maior letra do alfabeto. Ela significa estudar ou ensinar, inclusive, a expressão Talmud consiste em uma declinação da letra Lamed. Os cabalistas desenvolveram um acrônimo constituído por três letras do alfabeto hebraico: Lamed, Mem e Dalet, formando a expressão *"Lev mevin Da'at"* – *"O coração compreende o conhecimento."*

Observe que aquele que compreende o conhecimento com coração – Lev, é um sábio – Chachám – חכם, que é exatamente a resultante da gematria da palavra Lamed, que corresponde à segunda sefira da Árvore da Vida, Chochmá – Sabedoria, Lamed ל = 30 + Mem מ = 40 + Dalet ד = 4 = 74 = 7 + 4 = 11 = 1 + 1 = 2 = Chochmá – Sabedoria.

Observe que a gematria da palavra Chachám – Sábio, corresponde à sétima sefira da Árvore da Vida – Nêtzach – Vitória, ou seja o número 7 sagrado, logo, podemos dizer que um sábio é um vitorioso, aquele que conhece as coisas relacionadas à espiritualidade – 3, e as relacionadas com a materialidade – 4, Chet ח = 8 + Caf כ = 20 + Mem Final ם = 600 = 8 + 20 + 600 = 628 = 6 + 2 + 8 = 16 = 1 + 6 = 7.

É fundamental saber que, tanto na Torá quanto em toda a Bíblia, não existe a palavra cérebro, só se fala do coração, considerando que é a partir dele que o homem pensa. A esse respeito a Torá nos diz o seguinte: *"Deus não vos tem dado um coração para conhecer"* (Deuteronômio 29.3), ensinando-nos que dentro do judaísmo, mais precisamente na psicologia esotérica da Cabala, o conhecimento passa pelo coração.

Assim também, na prece cotidiana, o *shemá*, encontra-se dito o seguinte: *"Estas palavras estarão em teu coração"*. Aqui isto significa: *"tu deves compreendê-las"*. A palavra "coração" possui um sentido muito amplo nas Escrituras Sagradas, podendo ser definida como a parte "cognitiva" do homem, tanto no nível intelectual quanto no nível emocional – *"Guardo no coração as tuas palavras, para não pecar contra ti"* (Salmos 119.11). Depois podemos diferenciar o cérebro e o coração.

Uma vez estabelecida essa diferenciação, as pessoas se interrogam frequentemente sobre a "distância" que os separa – *"A distância mais longa a ser percorrida é da mente ao coração"* – Thomas Merton.

A maior questão na vida permanece: quais são as relações entre o coração e a razão se às vezes eles nem sequer se falam? A resposta parece simples, porém, colocá-la em prática consiste no maior desafio humano: o centro intelectual corresponde ao nível da alma chamado de Neshamah, enquanto o centro emocional, ao nível da alma, é chamado de Rúach, e ainda temos o terceiro nível, que é chamado de Néfesh que corresponde aos instintos e às atividades motoras. Logo, o objetivo do ser humano a partir do seu tikkun – conserto a ser realizado, consiste justamente no alinhamento desses três níveis da alma: Néfesh (ações), Rúach (sentimentos) e Neshamah (pensamentos), a restauração do triângulo equilátero perfeito, símbolo muito usado pelos esotéricos.

Outra observação importante dentro do tema é a questão da meditação. É de fundamental importância para os estudantes de Cabala discernir o que é meditar segundo a tradição judaica das demais tradições. A palavra hebraica para meditação é *Hagah*, que possui o sentido de refletir, resmungar, ponderar; ou seja, uma referência à prática que muitos têm, durante a meditação, falar sozinho ou em baixa voz, refletindo sobre uma determinada questão, alguns comparam ao ato de ruminar dos bois, dessa forma, devemos ficar mastigando as palavras e refletindo sobre elas – *"Antes tem o seu prazer na lei do Senhor, e na sua lei medita de dia e de noite"* (Salmos 1.2).

Outras práticas meditativas voltadas para a contemplação e o recolhimento interior foram enxertadas na Cabala tardiamente na transição da Idade Média para a Idade Moderna, e com certeza tiveram influências de tradições orientais e dos Padres do Deserto.

Um exercício simples para despertar os centros constitutivos (os três níveis da alma) consiste em, ao acordar pela manhã, ainda sentado na cama, inspirando e expirando suavemente, colocar uma das mãos em forma de concha levemente sobre o topo da cabeça, em cima do chakra coronário e dizer: EU QUERO SER; em seguida, abaixando a mão, levar para o peito e colocar novamente em forma de concha na posição do chakra cardíaco e dizer: EU POSSO SER; e, por último, baixando mais as mãos, colocá-la na região do chakra umbilical dizendo: EU SOU. Fazer isso por três vezes já é o suficiente.

Em síntese, nós não podemos sentir nenhuma emoção sem discernimento prévio. Não é possível amar se não há um "objeto" a ser amado, assim como eu não posso odiar sem ter o "objeto" do meu ódio. O cérebro indica todos esses objetivos. O coração é, decerto, capaz de fabricar emoções, mas, antes disso, é preciso conceber as coisas. Antes tenho de saber do que estou falando. Depois, decidir se sou contra ou a favor. Uma vez estabelecido que "há alguma coisa", a palavra é do coração.

Segundo os filósofos, não existe conhecimento "objetivo" – até mesmo na física se encontra esse pressuposto. Quer dizer, mais precisamente, que o cérebro transmite um dado ao coração, este julga se o dado lhe convém ou não, porém, esse julgamento se opera segundo critérios subjetivos, ou seja, o coração possui sua própria lógica, conforme disse Pascal, que *"o coração possui razões que a própria razão desconhece"*. Assim, podemos dizer que o cérebro possui um conhecimento "global", e que, depois, o coração distingue o que é bom do que é mau, ou seja, entre o que lhe convém e o que lhe agrada, conforme disse o apóstolo cabalista Paulo: *"Tudo me é lícito, mas nem tudo convém. Tudo me é permitido, mas eu não deixarei que nada domine"* (I Coríntios 6.12). Esse é o princípio da sabedoria e do discernimento, o qual devemos buscar despertar mais a cada dia.

A função do cérebro é pensar as coisas com objetividade. O coração busca compreender (faculdade de Biná – Compreensão e Entendimento), de modo subjetivo, de que modo isto é importante para mim. Aliás, o verbo "conhecer", além destes conceitos evocados, possui um significado muito preciso. Toda vez que se encontra o verbo *da'at*, que designa diversos conhecimentos, ele expressa sempre o fato de que isto me "concerne ou me diz respeito."

O número 13 – sorte ou azar?

O número 13 corresponde à décima terceira letra do alfabeto hebraico – Mem. Note que 13 é 4 (1 + 3 = 4), que corresponde na Árvore da Vida à sefira Chéssed – Misericórdia, e também o seu valor na guematria é 40, que também é 4 (4 + 0 = 4). Observe também que o Tetragramaton Sagrado é formado por 4 letras: יהוה, que, adicionado na guematria, dá 26 (Yud י =10 + Hei ה = 5 + Vav ו = 6 + Hei ה = 5 = 26) e sua metade é exatamente 13 (26 ÷ 2 = 13) que novamente dá 4, cabalisticamente falando, Deus é Amor e Misericórdia – "Aquele que não ama não conhece a Deus; porque Deus é amor" (I João 4.8.) Por essa razão que, ao confeccionar a Torá, Deus colocou a primeira letra bet ב e a última letra ל formando a palavra Lev ב ל coração.

O número 13 corresponde ao valor numérico da palavra "Um – Unidade" – echad = 1 + 8 + 4 = 13 – אחד, assim como a palavra ahavá – amor = 1 + 5 + 2 + 5 = 13 – אהבה.

As duas palavras-chave da oração Shemá Israel encontram-se uma atrás da outra, primeiro a palavra echad – um – o Eterno é Um, e em seguida a palavra ahavá – amor – tu amarás. Se cada uma dessas palavras tem o valor cabalístico de 13, quando pronunciamos as duas, estamos invocando o Tetragramaton, que é formado pelo número 26.

Enquanto o número 3 corresponde aos três atributos do Criador: Criador, mantenedor e transformador, o número 4 corresponde a harmonia e equilíbrio: é a ação resultante da força trina. A estrutura dos quatro mundos da Cabala: Atsilut, Briá, Ietsirá e Assiá.

Embora no mundo ocidental o número 13 seja considerado como um número de má reputação, supersticiosamente em função de ele corresponder à carta da Morte no Tarô, na Cabala, a sua reputação é de um número de sorte, o número do *mazal*, sorte ou destino, associado somente a coisas boas. Tanto é que, para os Cabalistas e Gnósticos, o número 13 corresponde ao número da libertação, daquele que rompeu com o ciclo dos 12, do zodíaco, libertando-se da roda das encarnações. Observe que Jesus é o 13º elemento entre os 12, aquele que realmente vive – "... *disseram-lhes eles: Porque buscais entre os mortos aquele que está vivo?*" (Lucas 24.5).

O número 13 também corresponde aos 13 atributos da misericórdia de Deus (Chéssed), que foi, segundo o Talmud, transmitido a Moisés. Na primeira porção de Bereshit no Zohar – o Livro do Esplendor (Zohar, folha 1A), fala sobre o lírio de 13 pétalas (ou Shoshana a rosa do coração de 13 pétalas) que nasce entre os espinhos, inspirado na fábula hindu onde o lótus nasce no meio do lodo, simbolizando a ascensão do mundo de Malchut, a iluminação. As 13 pétalas correspondem às 12 tribos de Israel mais o Messias.

Observe que o número 13 remete ao salvador, o que conduz os 12 para a libertação. Em todas as narrativas das lendas veremos esse significado. Na lenda do Rei Arthur com os seus cavaleiros da távola redonda, também encontramos essa associação do 13º Éon, conforme chamam os gnósticos – "*Os mistérios do Décimo Terceiro Éon existem e atuam em todo o universo da morte, em todas as regiões da manifestação dialética*" (Os mistérios gnósticos da Pistis Sophia, p. 289).

Concluindo este pequeno artigo, o número 13 corresponde ao mesmo tempo às 13 medidas da misericórdia divina e às 13 modalidades de intepretação da Torá. A letra Mem é, assim, em essência, um instrumento de medida que permite contar sobre todas as coisas, tanto das virtudes divinas quanto das virtudes do nosso mundo.

Não existe sorte ou azar, tudo se encontra dentro das leis imutáveis do universo, como disse Einstein: "Deus não joga dados com o universo."

Aravot ערבות o 7º céu
As janelas da transcendência

Sabemos que a Cabala consiste no sistema operacional do universo, nela encontram-se todos os segredos codificados da Criação. Em todos os sistemas religiosos e espirituais do mundo existe uma tradição de que o universo subsiste em sete céus ou reinos. O número sete representa simbolicamente a completude perfeita, é a união entre a transcendência-emanação (3) e a imanência-realização (4), que é igual ao sétuplo perfeito. Céu no sentido espiritual é apenas uma metáfora para níveis de consciência.

No Islamismo esses sete céus são assim chamados: 1º Rafi', 2º Qaydum, 3º Marum, 4º Arfalun, 5º Hay'oun, 6º Arous e 7º Ajma'. No Hinduísmo: 1º Bhoor-Loka, 2º Bhuvar-Loka, 3º Svar-Loka, 4º Mahar-Loka, 5º Jana-Loka, 6º Tapa-Loka e 7º Satya-Loka. Ainda poderíamos enumerar outros diversos paralelos arquetípicos como os 7 chakras, os 7 caminhos do Yoga, as 7 Igrejas do Apocalipse etc. Porém, vou falar aqui do sétimo céu, de acordo com o relato de Bereshit-Gênesis, o mais elevado, a meta final do processo de libertação do Ser, chamado de Aravot.

Os sete céus na Cabala são assim chamados: 1º Vilon (Cortina ou Tenda), 2º Rakiá (Firmamento ou Expansão), 3º Shechakim (Pulverizadores ou Nuvens), 4º Zevul (Templo ou Casa), 5º Maon (Habitação ou Morada), 6º Machon ou Shmei haShamaim (Habitação ou Fundação) e 7º Aravot (Salgueiros ou Janelas), as Janelas da transcendência.

Em Bereshit-Gênesis está escrito: Iehi Rakiá – "Haja um firmamento no meio das águas" (Gn.1.6). A expressão hebraica

"Iehi = Haja" possui o valor numérico 7 de acordo com a guematria (Mispar Katan), daí, segundo o talmude, deduz-se que foram criados 7 céus. Esse é o mais elevado de todos os céus, onde se encontram os tesouros da vida, da paz e da plenitude, consiste no nível de consciência mais elevado, que em outras culturas é chamado de Samadhi (Hinduísmo), Nirvana (Budismo) ou Satori (Zen Budismo).

Segundo os cabalistas o sétimo céu (nível mais elevado de consciência), Aravot, é o local onde habitam as almas de todos os justos (tzadik) assim como as almas dos que estão destinados a nascerem além do sopro de vida (Néfesh) com que Deus vai ressuscitar os mortos.

Em Aravot, a alma (Neshamá) transporta nossas lembranças e todos os registros de nossas ações perante o Criador. Aqui, atingimos o derradeiro estado chamado Bitul, ou seja, a verdadeira autoanulação com relação ao Criador, nós nos diluímos, tornando-nos uma "carruagem – Merkavah" Divina, um veículo de Deus com o propósito de cumprir a vontade do Criador. No budismo chama-se a esse um Bodhisatva.

Isso se confirma quando fazemos a guematria da palavra Aravot: Ayin ע = 70 + Resh ר = 200 + Bet ב = 2 + Vav ו = 6 + Tav ת = 400 = 678 = 6 + 7 + 8 = 21 = 2 + 1 = 3 Biná, ou seja, quando atingimos o Entendimento (Biná) de todo o processo da Criação, ou seja, tomamos ciência das 50 Portas da Inteligência, símbolo de tudo e de todas as coisas criadas.

Essa é a razão por que todo Cabalista não deve ser apenas um praticante de rituais e observâncias, isso é religiosidade mecânica, e sim, um estudante dedicado das Escrituras, pois é nessas que habitam as janelas de Sod-Segredo capazes de nos fazer transcender de forma consciente. Por isso que se diz que a Torá é o corpo, o Talmude, a alma e a Cabala, o espírito. Como disse o mestre cabalista Yeshua, *"... Errais não conhecendo as Escrituras, nem o poder de Deus"* (Mateus 22.29), e ainda, *"Pois o que adianta ao homem ganhar o mundo inteiro (prática para isso, para aquilo, assim, assado etc.) e perder a sua alma (desenvolvimento de uma consciência mais sutil capaz de transcender à realidade perecível)?* (Marcos 8.36).

Samech ס o abraço de Deus que sustenta e cura

A letra Samech ס corresponde à décima letra do alfabeto hebraico, o seu valor numérico cabalístico é 60 = 6 + 0 = 6, Tiféret na Árvore da Vida – a bênção que sustenta e cura pelo equilíbrio entre forças – doação (Chéssed) e restrição (Justiça), de acordo com a Torá, no livro de Números (Bamidbar), na passagem da Bênção Sacerdotal, que é formada por 15 palavras e 60 letras. Conforme a Mishná, quando o sacerdote estende as mãos para abençoar, em cada mão contém 30 ossos, juntando as duas, são 60. As bênçãos sacerdotais operam o conceito de Samech: luz, vida e força infinita. Quem quiser experimentar essas bênçãos, procure utilizá-la diariamente, encontra-se na Torá, no livro de Números 6.22-27.

O número 60 representa a natureza (os seis dias da criação), enquanto o 10 está relacionado aos homens: 10 dedos em cima e 10 dedos embaixo. Em contrapartida, seis são as direções do espaço e suas coordenadas, e também, 6 x 10 = 60 representa uma totalidade ou plenitude.

Quanto à estrutura da letra Samech, ela é redonda, representando um círculo, uma forma geométrica que desempenha um papel central no pensamento judaico e arquetipicamente em todas as tradições antigas na imagem do Oroboros (a cobra engolindo a própria cauda), notadamente na Cabala, conforme descrito por Pascal: *"Deus é uma esfera infinita cujo centro está em toda a parte e cuja circunferência não é limitada em parte alguma."* Dessa forma, nada na natureza é criado na forma quadrada, o

Talmud de Jerusalém explica que nosso mundo corresponde ao mundo da rotundidade: tudo é redondo, curvilíneo, ao passo que todas as coisas quadradas são obra do homem.

O nível de interpretação que a Cabala opera é chamado de Sod, mistério, e Samech é a sua letra inicial, aquela que inicia os mistérios. Na Cabala, Deus possui atributos: primeiro, chamado de "Aquele que circunda todos os mundos", seu aspecto transcendente; segundo, "Aquele que preenche os mundos", aspecto imanente, de acordo com o profeta Jeremias: *"Acaso, sou Deus apenas de perto, diz o Senhor, e não também de longe? Ocultar-se-ia alguém em esconderijos, de modo que eu não o veja? – diz o Senhor; porventura, não encho eu os céus e a terra?"* (Jeremias 23.23-24).

Samech não é simplesmente o nome de uma letra, mas também um verbo que significa sustentar ou apoiar. Essa letra, na ordem do alfabeto hebraico, vem após a letra Num, que inicia o verbo da palavra cair, de acordo com o Salmo 145, que fala justamente de bondade, grandeza e providência de Deus, e comporta em acróstico 22 versículos (as 22 letras do alfabeto hebraico), observa-se que o salmista suprimiu a letra Num, correspondente à 14ª letra do alfabeto, passando imediatamente para a 15ª, o Samech, com o objetivo de não falar em queda, e sim, em sustento, ou seja, Deus não somente circunda o "todo", mas também é aquele que o sustenta.

Samech também conota a fraternidade, que em hebraico é *samuch*, indicando a proximidade entre o homem e o seu Criador e entre mestre e discípulo (talmid), logo, Samech simboliza o abraço de Deus que ampara a todos.

Para encerrar esta breve explanação, vale lembrar que há muitas outras informações a respeito não só da letra Samech, mas de todo o alfabeto hebraico para ser revelada, mas cabe a cada um de nós mergulhar nesse mar infinito de informações que é a Cabala, e encontrá-las.

Ayin ע a luz dos olhos

Ayin corresponde à 16ª letra do alfabeto hebraico e significa "olho". Está relacionada a tudo o que corresponde ao sentido da visão. Ver, ao mesmo tempo, significa olhar e compreender, assim, podemos definir o sentido maior que consiste em enxergar. Muitos veem, porém, poucos enxergam. O filósofo Platão chamava os olhos de janela da alma.

Ayin, em hebraico – אי"ן – é formada pelas letras Álef א = 1 + Yud י = 10 + Num Final ן = 700 = 1 + 10 + 700 = 711 = 7 + 1 + 1 = 9 = Iessód – Fundamento. Alef = Homem; Yud = Mão; Num final = fruto, semente, peixe. Podemos interpretar essa exegese da seguinte forma:

"O homem (Alef) que enxerga além (Ayin) reconhece que tem em suas mãos (Yud) as sementes necessárias para produzir bons frutos (Num)."

Além dessa exegese, Ayin possui o valor numérico 70, que corresponde cabalisticamente ao número 7, o número sagrado. Assim, podemos dizer que, enquanto os olhos de Deus criam todas as coisas, os olhos humanos se ocupam em observar e contemplar a Sua Criação.

Os olhos são com certeza o sentido mais completo, por isso, o Talmud diz: *"Ouvir não é como ver."* É por meio da visão que eu posso distinguir as coisas. O sábio enxerga além de seu olhar as perspectivas futuras, como se diz no Talmud: "Quem é chamado Sábio? Aquele que vê o futuro."

"E, voltando-se para os seus discípulos, disse-lhes particularmente: Bem-aventurados os olhos que veem as coisas que vós

vedes" (Lucas 10.23). Se interpretarmos essa passagem à luz da visão messiânica em Yeshua, podemos dizer que os olhos dos discípulos estão fitados no presente-futuro escatológico, focados na imanência dos Messias.

Na Cabala, a verdadeira definição de Chochmá, a segunda sefira da Árvore da Vida que corresponde à Sabedoria, consiste em uma percepção global das coisas, ou seja, é o conjunto do potencial do pensamento, o cérebro que "vê" as coisas pelo olho, seja no sentido concreto ou no sentido alegórico. Por isso que, na Cabala, o olho representa o acesso ao conhecimento.

O conhecimento passa por diversos estágios denominados sefirot, que são emanações que, através do corpo humano, contam a gênese do mundo em três etapas fundamentais. O início de todas as coisas consiste no desejo de Deus criar o universo, assim também relativo ao homem, que, antes de iniciar qualquer coisa, é preciso surgir o desejo. Logo, a primeira dessas três etapas consiste na vontade.

Nos sistemas das sefirot – 10 hipóteses – que constituem todo o esquema da gênese do universo, esta vontade é simbolizada pela coroa – Kéter. Na segunda etapa, a vontade comanda o pensamento. Assim, a segunda sefira é denominada Chochmá, aquela que possui a capacidade de pensar de forma global. A sua eficácia consiste em ser capaz de diferenciar: este é o papel da terceira etapa, denominada Biná – Inteligência-Compreensão. Essa é a tríade de toda a Criação: Querer, pensar de forma global, pensar cada coisa; Kéter = Vontade; Chochmá = Pensamento; e Biná = Diferenciação.

A criação do mundo iniciou-se pela luz (Ayin Sof), dessa forma, é o olho que transmite a luz. Deus disse: "E seja luz!" (Gênesis 1.3). Logo, quando Deus criou o mundo, a primeira coisa que Ele criou foi a capacidade de "ver".

Abordarei agora o valor numérico de Ayin: 70. 70 é 7 vezes 10, o número da plenitude: os sete dias da semana. Há, na realidade, duas formas de plenitude. O número sete pode ser chamado de plenitude restrita, mas, quando essa plenitude se expande, para passar, como diz a Cabala, de um simples ponto a uma figura completa, ela se torna específica de uma totalidade, e, assim, multiplica-se 7 x 10. Essa é a razão de o número 70 significar o todo – uma totalidade.

Logo, quando usamos o número 70, estamos falando sobre o mundo inteiro, daí as expressões, 70 nações, 70 Sábios que escreveram sobre a Septuaginta etc. Por isso que o salmista fala dos 70 como a última idade do homem: *"... o homem vive setenta anos e, se tem vigor, pode viver oitenta anos..."* (Salmos 90.10). Este número de anos a serem vividos corresponde a uma média válida até os dias de hoje.

Para encerrar, deixo aqui uma sentença talmúdica sobre os olhos para uma profunda reflexão: *"Rabi Iehuda dizia: Reflete sobre três coisas, e não cometerás erros. Sabe que, em cima, um olho te olha e uma orelha te escuta, e que todas as tuas ações estão inscritas em um livro."*

Antes, vigiai e orai – vigilância e providência, assim você evitará cair em tentação e não será pego de surpresa quando a adversidade bater em sua porta.

Segredos cabalísticos
de Yom Kippur יוֹם כִּיפּוּר

Enquanto Moisés se encontrava no Monte Sinai intercedendo pelo povo hebreu no deserto, o Eterno lhe revelou seus 13 Atributos de Misericórdia, que são encontrados após o incidente da edificação do Bezerro de Ouro (Shemot-Êxodo 32). Observe que o resultado da guematria da palavra Yom, que significa tempo, dá 13: Yud י = 10 + Vav ו = 6 + Mem Final ם = 600 = 616 = 6 + 1 + 6 = 13, ainda, de acordo com a Cabala, 13 = 1 + 3 = 4 = Chéssed – Misericórdia, então podemos interpretar esse tempo como "o tempo da misericórdia de Deus" para com o ser humano, pois o número 4 também representa o Tetragrama Sagrado, o Grande EU SOU.

A guematria da palavra Kippur, que significa perdão, dá 10, Caf כ = 20 + Yud י = 10 + Pei פ = 80 + Vav ו = 6 + Resh ר = 200 = 316 = 3 + 1 + 6 = 10 = Malchut – Reino, que corresponde ao Mundo da Ação – Assiá. 10 corresponde ao decálogo (10 Mitzvot-Mandamentos), logo, perdoar é tentar não transgredir às Mitzvot. E, ainda, 10 também é 1 Echad, O Eterno.

Em função de nos encontrarmos no Mundo de Assiá (Malchut), a realidade mais densa e impermanente é que a Cabala nos ensina que, se fôssemos julgados unicamente pelas Leis Cósmicas que regem a Criação, segundo as quais cada ato negativo é julgado e punido conforme a sua gravidade, nossos erros estariam sempre presentes para nos condenar, não nos permitindo que escapássemos da inevitabilidade do julgamento (Guevurá) e da punição.

Seria impossível o homem remover as sequelas espirituais já causadas, frutos dos seus erros e transgressões, não tendo, portanto, como tornar a se aproximar de seu Criador. Mas "*As misericórdias de Deus são a causa de não sermos consumidos, porque as suas misericórdias não têm fim.*" Lamentações 3.22

Assim como o Eterno mostrou a Moisés que, se o homem exercer a misericórdia e o perdão com todos aqueles que se encontram a sua volta, ele então poderá se conectar espiritualmente com a Dimensão da Misericórdia Divina (Chéssed), alcançando também o perdão dos seus erros. Por isso que os grandes Mestres de todos os tempos nos ensinaram que o homem deve perdoar a quem o magoou, mostrando benevolência, indulgência e generosidade.

Portanto, para que possamos perdoar verdadeiramente a quem quer que seja, é preciso antes fazermos um profundo e meticuloso exame de consciência, recorrendo ao autoconhecimento, e, com isso, perdoar em primeiro lugar a si mesmo. Quem se cobra demasiadamente, sendo perfeccionista e intolerante consigo mesmo, dificilmente conseguirá perdoar ao próximo.

O Yom Kippur deve ser lembrando todos os dias, como disse o grande Mestre Cabalista Jesus Cristo, quando lhe perguntaram acerca do perdão: "*Então, Pedro, aproximando-se, lhe perguntou: Senhor, até quantas vezes meu irmão pecará contra mim, que eu lhe perdoe? Até sete vezes? Respondeu-lhe Jesus: Não te digo que até sete vezes, mas até setenta vezes sete*" (Mateus 18.21-22). Observe que 70 x 7 = 490 = 4 + 9 + 0 = 13, novamente a guematria da palavra Yom e ainda 1 + 3 = 4, Chéssed-Misericórdia, ou seja, Jesus nos diz a mesma coisa que já foi visto acima, sempre é tempo para perdoar. O perdão é o caminho para a libertação dos carmas, ou seja, a libertação do ciclo dos 12, transcendendo ao 13, a libertação da roda, o Moksha como chamam os Hindus.

Chesséd חסד o amor incondicional de Deus

Chesséd corresponde à quarta sefira da Árvore da Vida, significa misericórdia, bondade infinita ou amor incondicional. É a primeira emanação de Biná por intermédio de Da'at, o primeiro traço ou aspecto da pequena face (microprosopus), também chamado misticamente de o Noivo. Esse ato de amor incondicional pode ser encontrado no Evangelho de João em sua interpretação cabalística: "*Deus* (Ayin Sof) *amou ao mundo* (Chéesed-Malchut) *de tal maneira que deu o seu Filho unigênito* (Tiféret), *para que todo o que nele crê não pereça, mas tenha a vida eterna*" (João 3.16), e no versículo 19, diz: "*O julgamento* (Guevurá) *é este: que a luz veio ao mundo* (Ayin Sof – Luz Ilimitada – por intermédio de Tiféret), *e os homens amaram mais as trevas do que a luz; porque as suas obras eram más*" (João 3.19). Traduzindo, as trevas representam a condição egoísta e reativa do homem que se comporta como mero receptor da luz em desequilíbrio com a condição contrária, que consiste no comportamento proativo-doador e busca compartilhar, ou seja, estabelecer o equilíbrio entre restrição (Guevurá) e expansão (Chéesed).

Observe que Chéssed, correspondendo ao número quatro, é a manifestação das energias do Tetragramaton Sagrado – יהוה, é o estabelecimento do mundo de Briá, o Mundo da Criação, o princípio quaternário.

Guevurá, Tiféret, Nêtsarch, Iessód e Malchut têm a sua raiz e a sua essência em Chéssed, que essa tem sua essência na tríade superna – Kéter, Chochmá e Biná. Chéssed é o amor-misericórdia de Deus; portanto, a base e o propósito das sete sefirot correspondentes aos dias da criação é o amor incondicional de Deus, ou seja, a própria criação e tudo o que Deus nela faz, é a expressão do seu amor divino, que em Chéssed é ilimitado e incondicional, como descrito na Epístola de Tiago: *"Mas a sabedoria que vem do alto* (Chochmá) *é antes de tudo pura; depois, pacífica* (Tiféret), *amável, compreensiva* (Biná)*, cheia de misericórdia* (Chéssed) *e de bons frutos, imparcial e sincera"* (Tiago 3.17).

Como já vimos, Chéssed é o todo-doador ilimitado com relação às sefirot inferiores e, como tal, representa a atividade de Chochmá abaixo do abismo (Da'at). Com relação às sefirot superiores, Chéssed é o todo-receptor e, assim, representa a atividade de Biná abaixo do abismo, com a imagem arquetípica da Grande Mãe.

Como tudo no universo criado tem o seu duplo-oposto, Guevurá é a contraparte de Chéssed. Deve haver um equilíbrio dinâmico entre Chéssed e a sua contrapartida no pilar da severidade, Guevurá, que é juízo-restrição ou severidade. Sem um grau de restrição ou limitação, Chéssed ocuparia rapidamente toda a criação.

Guevurá atua como elemento regulador de Chéssed, assim se estabelece a criação de acordo com o conceito de tzimtzum, onde Deus teve de se recolher em si mesmo a fim de abrir espaço para a criação fora de si. Então, emanou-se em graus uniformes do nível de Ayin Sof (o infinito) até o nível mais denso e limitado de criação finita, o universo físico ou material (Assiá). Dessa forma, Guevurá consiste no princípio do tzimtzum-constrição e Chéssed, o princípio de expansão ou emanação.

A interação dinâmica e o equilíbrio de Guevurá e Chéssed permitem graus uniformes da luz superna e, assim, a existência de toda a criação. Funcionando juntas, formam os graus da luz superna que são acessíveis para o espírito manifesto, sendo Tiféret (Beleza) o equilíbrio dinâmico entre os dois, por isso, diz-se aos aspirantes aos estudos da Cabala que *"não se aventure à direita nem à esquerda, onde o aguarda certamente a destruição, mas que permaneça no caminho do meio (pilar do equilíbrio da Árvore da Vida), sem se ligar ao direito e nem ao esquerdo, nem ao céu e nem ao inferno. Largo o caminho que conduz à perdição, mas reto e estreito é o caminho que conduz à salvação. A verdadeira conquista é alcançada pela moderação."*

Início, meio e fim...

As letras iniciais das palavras hebraicas para "começo, meio e fim", Rosh (Resh ר + Alef א + Shin ש), Tor (Tav ת + Vav ו + Resh ר) e Sof (Samech ס + Vav ו + Pei Final ף) soletram a palavra Seter (Samech ס + Tav ת + Resh ר) que significa "mistério".

Quando analisamos a guematria das três palavras: Rosh-começo: 200 + 1 + 300 = 501 = 5 + 1 = 6 (Tiféret); Tor-meio: 400 + 6 + 200 = 606 = 6 + 6 = 12 = 1 + 2 = 3 (Biná); Sof-fim: 60 + 6 + 800 = 866 = 8 + 6 + 6 = 20 + 2 (Chochmá), obtemos a seguinte compreensão: O começo da grande obra de unificação se dá quando chegarmos em Tiféret (Beleza), tornando-nos Justos (Tzadik), pois sabemos estabelecer a justiça (Guevurá) com misericórdia (Chéssed), equanimidade.

Em seguida, o meio do processo consiste no entendimento (Biná) sobre as Leis do Universo (50 Portas da Inteligência), e em seguida chegamos no final da jornada que corresponde à tomada de consciência da Sabedoria Divina (Chochmá), e, assim, somos absorvidos em Kéter (Coroa). Essa é a síntese de todo o "mistério" da jornada do cabalista.

No poema épico Hindu do Baghavad Gita, o guerreiro Arjuna interroga Krishna sobre o seu significado (de Krishna – O Iluminado). Então Krishna responde dizendo: *"de todas as criações, EU SOU o início e também o fim e também o meio..."*

Enquanto Santo Tomás de Aquino defende a ideia de que a meta é o alvo a ser atingido, São Boaventura diz que a meta é todo o processo, englobando princípio, meio e fim.

"Respondeu Jesus: *'Eu sou o caminho, a verdade e a vida. Ninguém vem ao Pai, a não ser por mim'*" (João 14.6). É caminhando (subida pela Árvore da Vida) que se atinge a verdade (Biná e Chochmá – Entendimento e Sabedoria Divina), que produz a Realização Suprema em Kéter – Coroa. Ninguém vai a Kéter (Pai), a não ser por Tiféret (Filho). Caminho = início em Malchut – Reino denso, Verdade = em todo o processo de subida na Árvore da Vida até Tiféret – Beleza – Iluminação, e, por fim, a vida eterna em Kéter. Princípio, meio e fim são um.

Sinai סיני na presença do misericordioso

Samech ס = 60 + Yud י = 10 + Num נ = 50 + Yud י = 10 = 130 = 1 + 3 = 4 = Chéssed – Misericórdia.

"Subir ao Monte Sinai é subir na Árvore da Vida até atingir o encontro com o Misericordioso, aquele que É, no Palácio do Rei – Kéter" (Kadu Santoro).

Segundo a Cabala, no encontro de Moisés com o Eterno, não devemos falar que ele recebeu as Leis no Monte Sinai, e, sim, do Sinai, também conhecido como Monte Horebe. O sentido oculto dessa afirmação consiste na guematria cabalística do nome Sinai: Samech ס = 60 + Yud י = 10 + Num נ = 50 + Yud י = 10 = 130, que corresponde ao mesmo valor numérico do nome sagrado ADONAI ADONAI (duas vezes – duas tábuas das Leis) = Álef א = 1 + Dalet ד = 4 + Num נ = 50 + Yud י = 10 = 65 x 2 = 130, que também é igual ao valor numérico de 5 tetragramas: 26 x 5 = 130 (cada tetragrama vale 26 = Yud י = 10 + Hei ה = 5 + Vav ו = 6 + Hei ה = 5 = 26), que por sua vez, esses 5 tetragramas diversamente pronunciados, remetem às 10 sefirot que constituem a Árvore da Vida.

Segundo o cabalista Abraão Abulafia, o nome sagrado ADONAI marca a conjunção da Lua e do Sol, sendo que o número 19 corresponde ao número de anos do ciclo lunar, que, multiplicando por 28, o número que corresponde ao ciclo solar, dá 532 (19 x 28). 532 + 532 forma ADONAI (Álef א = 1 + Dalet ד = 4 + Num נ = 50 + Yud י = 10 = 65). Lembrando que a expressão SIN-AI, na mitologia suméria significa: Monte da Lua, em função da raiz SIN, que está associada à Deusa Nana, também conhecida como a Deusa SIN e AI aos altos.

Vou demonstrar isso matematicamente: 7 vezes a cada 19 anos é acrescentando um mês suplementar de acordo com o calendário hebraico, que é lunar, com o objetivo de corrigir o atraso em relação ao ciclo solar. Por outro lado, é uma vez a cada 28 vezes que o Sol se encontra nas coordenadas idênticas às que ocupava quando da criação do mundo. Com isso, 532 + 532 = 1064, que, de acordo com todas as regras da numerologia de todos os povos, dá 1064 = 1 + 64 = 65, o número de ADONAI. Lembrando que essa regra da numerologia utilizada é um padrão, por exemplo: quanto às 22 letras hebraicas, fala-se 21 + 1, pois o número 1 é indivisível, é ECHAD.

Por essa razão que no Tratado Hermético intitulado *A Tábua das Esmeraldas*, de Hermes Trismegisto, encontramos a seguinte afirmação: *"O seu pai é o Sol, a sua mãe é a Lua, o ar as teve em seu regaço, e a sua ama foi a terra"*. É exatamente a mesma afirmação que encontramos na Cabala de forma numerológica, lembrando que os Tratados Herméticos foram possivelmente elaborados pelos Pitagóricos, exímios matemáticos e astrônomos.

Ainda dentro da guematria cabalística, encontramos como redução ao número natural da palavra SINAI, o valor 4 = Samech ס = 60 + Yud י = 10 + Num נ = 50 + Yud י = 10 = 130 = 1 + 3 = 4, que corresponde à sefira Chéssed – Misericórdia na Árvore da Vida, mais uma vez confirmando ADONAI, que é utilizado na Bismillah muçulmana pela expressão: "Em nome de Deus, o Clemente e Misericordioso".

Para alguns exegetas o nome "Sinai" é derivado da palavra hebraica S'neh – "moita de espinhos", que cresce em abundância naquela região. Isso também faz sentido se observarmos que, para encontrarmos o nosso Eu Superior, mergulhando dentro de si, o trabalho é árduo, e com isso é preciso atravessar pelos espinhos da alma.

Para encerrar, a experiência de Moisés com o SINAI, acontecera dentro de si mesmo em nível de Neshamá – expansão de consciência, também chamado de acesso ao Palácio do Rei, onde o monte, lugar alto, é a sua cabeça, local da Coroa – Kéter, onde também Jesus atingira a sua iluminação no gólgota – crânio, regido pelo chakra coronário e suas visões e revelações provinham do seu chakra frontal, por intermédio das emanações da glândula pineal, que, segundo a Cabala, chamamos de acesso ao mundo dos 99%. Tanto os estudos da Cabala quanto a meditação a partir da prática da atenção plena nos ajudam a alcançar níveis mais sutis da realidade, promovendo o encontro com o SINAI 99%.

David דוד e Golias גלית essência e ego

Os personagens bíblicos Davi e Golias, no sentido cabalístico, representam a dimensão dialética da luta interna do ser humano. Há um Davi e um Golias dentro de cada um de nós. O gigante Golias representa o nosso famigerado ego, enquanto o pequeno novato David, é aquele que representa a nossa essência divina, consiste no nosso Eu Superior, o nosso Ser que É.

Podemos compreender isso melhor por meio da gematria e dos significados das letras hebraicas: o nome Golias é formado pelas seguintes letras: Guimel ג (diminuído) = 3 + Lamed ל (aprendizado) = 30 + Yud י (Mão de Deus – dez dedos) = 10 + Tav ת (verdade/sinal/vida) = 400 = 443 = 4 + 4 + 3 = 11, número considerado de má reputação entre os cabalistas, representando a força cega oculta, por isso o nome Golias é traduzido como adivinho ou exilado.

Enquanto o dez é perfeito, o onze representa a imperfeição e a confusão, lembre-se de que esse número é largamente usado pelos magos negros ocultistas do mundo, e no Sêfer Ietsirá encontramos a seguinte afirmação: "Dez sefirot do nada; dez e não nove; dez e não onze; Sê sábio (Chochmá) com Entendimento (Biná)..." (Sêfer Ietsirá 1.4), logo, Golias é aquele que só quer e deseja sem possuir sabedoria e entendimento, é desejo cego, por isso que precisa ser acertado na cabeça – Resh de onde provêm a sabedoria e o entendimento.

Então, a exegese que eu propus aqui sobre Golias é a seguinte: O gigante Golias é aquele que precisa diminuir-se/humildar-se colocando-se nas mãos de Deus para aprender sobre a verdade do Ser.

Em relação a David, o seu nome significa predileto, amado ou querido, é aquele que escuta a sua voz interior, erra, porém, reconhece o seu erro e sua natureza dual. Esse nome também provém da raiz hebraica Davar, que significa nesse caso aqui palavra, mas Palavra de Entendimento. Em sua guematria: Dalet (pobre/porta) = 4 + Vav (gancho/levantar) = 6 + Dalet (pobre/porta) = 4 = 4 + 6 + 4 = 14 = 1 + 4 = 5 – Guevurá – Justiça. Logo, podemos fazer a seguinte exegese cabalística com o nome Davi: Davi é aquele humilde ("pobre") que é levantado para atravessar a porta da transcendência, superando o seu adversário Golias/Ego.

Ainda, lembre-se de que na narrativa de David na Bíblia ele é o sétimo filho de Jessé e o menor e mais novo. No escudo de David – Magen David, perceba que é um hexagrama, e o sétimo ponto encontra-se no centro da estrela, logo, David encontra-se no centro/coração de Deus, local de proteção, daí o termo escudo. David é o arquétipo do novo, da transformação e do renovo de vida, é a presença dentro de cada um do EU SOU, aquele que, foi, é e será.

Depois desta breve explanação sobre a nossa luta dual, entre David (Eu Superior/essência) e Golias (Ego/forma/aparência), a pergunta para reflexão é a seguinte: em que áreas de nossa vida, ultimamente Golias tem nos dominado? O que falta para que David possa finalmente reinar em nossa vida?

Para encerrar, lembre-se, sempre, de que o que é bom para o ego é ruim para a essência.

Devekut דבקן o caminho da grande unificação

"Aquele a quem é permitido penetrar no mistério da adesão alcança o mistério da equanimidade; e se ele alcança o mistério da equanimidade, ele atinge o mistério da concentração, e uma vez que tenha alcançado o mistério da concentração, ele alcança o espírito divino, e dele [alcançará] a profecia, e ele profetizará e preverá o futuro" (Rav. Isaac de Acre – Sêfer Meirat Eynaim, p. 218).

Se o misticismo consiste na quintessência da religião, a quintessência do misticismo é o sentimento da união mística com o Eterno. Essa pode ser a definição mais resumida da expressão hebraica Devekut, que deriva da palavra deveq דבק que significa "cola", aquilo que liga, funde, agarra, se apega e vai além, diluir-se na Unidade.

O caminho da Devekut pode ser realizado de várias formas, por meio de estados alterados de consciência como o transe meditativo, a contemplação, pelo estudo da Torá, pela compreensão filosófica ou até mesmo quando executadas as 613 mitzvot (mandamentos).

Segundo a tradição esotérica, essa fusão com o Criador, ou união mística, pode ser percorrida por três caminhos distintos, a seguir: o caminho do faquir, por meio das práticas do centro de Néfesh, ou seja, pelo conhecimento fisiológico e o exercício do corpo, correspondendo aos centros dos instintos e motores; o segundo caminho é o do monge, cuja ascese se dá por meio do centro de Rúach, dos sentimentos e emoções, é o caminho dos devotos; e o terceiro caminho é o do Iogue, aquele que percorre na ascese pelo centro intelectual, que corresponde à Néfesh, comum aos praticantes da Jana Yoga.

Esses caminhos podem ser chamados também de: Exotérico – Néfesh; Mesotérico – Rúach e Esotérico – Neshamá, porém, quando buscamos a ascese para a união, todos esses três centros são ativados de forma a estabelecer uma triangulação equilibrada, razão pela qual o triângulo equilátero é fundamento simbólico de todas as escolas esotéricas do mundo, representando a trindade formativa do homem: pensamentos, sentimentos e instintos.

Quando analisamos a guematria da palavra Devekut: Dalet ד = 4 + Bet ב = 2 + Kuf ק = 100 + Vav ו = 6 = 112 = 1 + 1 + 2 = 4, encontramos o número quatro, que corresponde ao Tetragrama Sagrado YHWH, à Presença do EU SOU, também à sefira Malchut, que é a Misericórdia de Deus, e ainda, os quatro elementos constitutivos da natureza: terra, fogo, água e ar, ou seja, quando buscamos a ascese por meio da Devekut, elevamo-nos substancialmente por completo, despertando o quinto elemento, o Espírito-Rúach.

Finalizando esta breve explanação sobre Devekut, podemos concluir que o estudo da Torá, da Cabala, assim como as práticas meditativas, são fundamentais no processo de ascese do cabalista. Porém, são poucos os que buscam com sinceridade e dedicação esse caminho da união mística.

A grande maioria está apenas preocupada com a resolução dos seus problemas mundanos e buscando conquistar prosperidade e prazeres aqui no mundo das ilusões, e com isso não querem se comprometer consigo mesmos na empreitada do autoconhecimento, esse que é o único caminho para a fusão final com o Criador.

"A razão da equanimidade é a adesão de pensamento a Deus, Abençoado Seja, pois a adesão e a conexão de pensamento com Deus, Abençoado Seja, fazem com que o homem não seja sensível à honra ou ao desprezo que as pessoas lhe demonstram" (Rav. Isaac de Acre – Sêfer Meirat Eynaim, p. 218). *"Eu e o Pai somos um."* (João 10.30)

Tikkun תיקון a reintegração da unidade

Assim como nas concepções da Física Moderna, na Cabala também encontramos um "Big Bang" – "princípio" e um "Big Crunch" – "fim": tudo se iniciou a partir de um ponto primordial, e o objetivo consiste em fazer com que tudo retorne ao estado de Unidade, como descreve Gershom Scholem:

"... o processo de criação envolve o afastamento de todos do Uno e o seu retorno ao Uno, e o momento crucial dos ciclos se passam dentro do homem, no instante em que ele começa a desenvolver uma consciência de sua verdadeira essência e anseia por retrilhar o caminho que o levará da multiplicidade da sua natureza para a Unidade de que ele se originou" (Scholem, Kabbalah, p. 152).

A peça-chave para realizar essa reintegração é justamente o ser humano, em função do seu avançado grau de consciência, espiritualidade e "livre arbítrio" (entre aspas, porque, na visão de alguns cabalistas, o que nos foi concedido é apenas uma espécie de "livre agência", em virtude de nos encontrarmos no mundo de Malchut – Assiá – Ação. Somente subindo para os "mundos" ou níveis conscienciais mais elevados que podemos passar a ter o livre-arbítrio).

Esse aspecto da Cabala atribui uma significação importantíssima ao papel humano que chega mesmo a transcender as visões da ciência que defende as concepções mais potentes do lugar da consciência humana. Porém, devemos observar, primeiro, o que existe de comum entre os pontos de vista científico e cabalista: ambos compreendem a consciência como um aspecto fundamental da existência.

Em segundo lugar, é necessário observar o que existe de diferente, que na Cabala existe de fato um papel determinante a ser cumprido pelos humanos, por meio de suas mentes e ações, no destino do universo – em primeiro lugar o despertar do Messias Interior, o que Jung chamaria de processo de individuação, e em segundo, o despertar do Messias Coletivo, ou seja, a elevação da massa crítica planetária como um todo, onde todos atingirão a consciência suprema, compreendendo definitivamente que tudo se encontra interligado no universo.

Para compreendermos melhor a função central que os humanos desempenham de acordo com a Cabala, é preciso antes lembrar do conceito cabalístico do rompimento dos recipientes, a teoria da Shevirá proposta por Rav. Isaac Lúria – Ari.

O atual estado em que o universo se encontra é caracterizado pela imperfeição, uma falha que desencadeou a perda da harmonia. A perfeição original da existência foi corrompida na criação, deixando cacos espalhados (Klippot) que tornaram possível que o nosso universo específico, com todos os seus componentes – inclusive o mal – viesse à existência.

Os humanos, sendo uma parte/centelha do universo que possui consciência e que pode agir (livre-agência) com base nessa consciência, podem, portanto, por meio dos seus pensamentos e ações, participar do rumo que o universo toma.

Na Cabala, o trabalho dos seres humanos neste mundo é reintegrar o universo, restituindo-o à harmonia original que foi perdida quando os recipientes se romperam. Essa tarefa em hebraico se chama *tikkun*, um termo cuja semântica engloba as noções de restauração, restituição, reintegração e reparação.

A gematria da palavra tikkun תקון em hebraico é: Tav ת = 400 + Kuf ק = 100 + Vav ו = 6 + Num Final ן = 700 = 400 + 100 + 6 + 700 = 1206 = 1 + 2 + 0 + 6 = 9 = Iessód – Fundamento. 9 é o último número natural, o ponto de virada para o retorno à unidade 10 = 1 + 0 =1, Echad – Um. Esse é o significado do tikkun, re-integração, que também pode ser entendido como curar, reunir aquilo que se encontra fragmentado, dando um centro àquilo que está disperso, superando o distanciamento entre o humano e o divino, entre o Ser e o mundo que o cerca, proporcionando assim a cura e a restauração daquele que É, sempre foi e continuará sendo, termo que os gregos chamam de Ho On – Aquele que É.

Essa é uma noção que, do século XVI em diante, se tornou de suma importância e influência na Tradição da Cabala. Uma noção que envolve tanto o pensamento quanto a ação. A ideia de intenção está diretamente relacionada a isso.

Alguns cabalistas chamam a atenção para o aspecto contemplativo do tikkun, isto é, para o fato de ele envolver tanto a ação quanto o pensamento consciente. Outros observam que, não só as ações, mas também os discursos cabalísticos sobre a Torá podem realmente nos levar ao tikkun. Já G. Scholem frisa a importância das ações espirituais, principalmente a prática da oração. Em suma, feitos, palavras, pensamentos – tudo contribui para o aperfeiçoamento do mundo e para a restauração da harmonia cósmica.

Essa reintegração envolve, portanto, o direcionamento consciente do nosso comportamento em função de uma meta universal. Como o místico, que não se preocupa somente consigo mesmo, mas com a reparação do universo, da ordem, do cosmos. Como em cada um de nós existe um resíduo, uma centelha divina da manifestação de Deus, as ações que o indivíduo realiza cumprem um papel fundamental perante o cosmos.

Se as ações que sanam o mal e contribuem para a correção e a reintegração, ajudam a levar o universo de volta à sua unidade – "Big Crunch". Não posso dizer se todo o mundo consideraria essa restauração uma meta atraente, pois ela significa literalmente o fim desse mundo como o conhecemos, o colapso da história. De qualquer maneira, o consolo diante desse fato "entrópico", é que ela também significa o surgimento de algo melhor, mais sutil, o derradeiro retorno à unidade da divindade. Porém, se isso ainda não servir de consolo, existe também o fato de que, se realmente existe alguma relação entre a Cabala e as atuais descobertas científicas da cosmologia contemporânea, o derradeiro retorno estaria estimado para se realizar daqui a cerca de, no mínimo, 15 bilhões de anos.

Para encerrar, vimos que temos tempo de sobra para estabelecer o tikkun. Basta sermos honestos conosco, misericordiosos com a criação, conscientes da nossa missão de reintegradores do universo e justos perante o Criador. Assim, não só despertaremos o Messias Interior como também o Messias Coletivo, como disse Jung: *"A questão não é atingir a perfeição, mas, sim, a totalidade."*

Elias אליהו aquele que superou a si mesmo

Profeta Elias, ou melhor Eliyahu ha-Navi, como passou a ser chamado, é sem dúvida um dos profetas mais reverenciados do Antigo Testamento, também chamado de o Profeta da Redenção Final. Porém, de que redenção é esta?

A guematria cabalística de seu nome ELIYAHU é Álef א = 1 + Lamed ל = 30 + Yud י = 10 + Hei ה = 5 + Vav ו = 6 = 52 = 5 + 2 = 7 = Nêtsarch – Vitória.

Elias, então, segundo a cabala, é aquele que venceu a si mesmo, vitorioso (Nêtsarch). A sua vitória sobre os 450 "profetas de Baal" = 4 + 5 = 9 = Iessód – Fundamento/Passagem – corresponde a sua libertação do julgo do ego – Jezebel, cujos 450 profetas representam a multidão de "eus" que gritavam dentro dele, sufocando o seu Eu Superior, a sua essência.

Mas essa tarefa de superar a si mesmo é árdua, e com isso nosso amigo Elias teve de atravessar pela noite escura de sua alma, e segundo o relato, ele entrou em profundo estado de depressão, escondendo-se próximo ao riacho de Qerit, a leste do Rio Jordão, onde Deus vos alimentou com pão e carne, ou seja, em seu refúgio interior ele foi alimentado pela Divina Sabedoria, por isso ele é conhecido como o portador dos segredos místicos mais profundos.

Na narrativa lendária do Zohar, teria sido ele, Elias, que transmitira para Rabbi Shimon Bar Yochai e seu filho Rabbi Elazar a sabedoria revelada no Zohar contendo as mais profundas verdades espirituais, os segredos da Criação.

Quando Elias se recupera de sua crise existencial, ele reconstrói o altar quebrado (o seu santuário interior – a sua estrutura psicoemocional) utilizando 12 pedras que representam as 12 tribos de Israel, em outras palavras, o número 12 representa um ciclo completo, completitude, lembra dos arquétipos dos 12 trabalhos de Hércules, os 12 Apóstolos, os 12 signos do zodíaco etc.

Há alguns exegetas que irão dizer que ele venceu 450 profetas de Baal mais 400 profetas de Asherá, porém, segundo a guematria, o sentido continua o mesmo, vamos ver: 450 + 400 = 850 = 13, e esse número corresponde à libertação do ciclo, da roda das encarnações, o spin, e por isso a alegoria relata que ele foi transladado aos céus numa carruagem de fogo.

Segundo a visão cabalística, a carruagem de fogo representa o seu corpo luminoso e transfigurado – I.N.R.I (Igne Natura Renovatur Integra – O fogo que renova a natureza inteira), e a assunção aos céus, à sua libertação da morte, ou seja, da roda dos renascimentos como acontecera a Henoc. Observe, ainda, que Moisés viu o fogo na sarça ardente, mas Elias foi tomado pelo fogo, foi arrebatado, perceba ainda que na passagem onde o Profeta arruma a lenha para sacrificar um touro (sacrifício pelos seus esforços), pedindo aos presentes que jogassem por três vezes (a invocação trina – Kadosh, Kadosh, Kadosh), baldes de água sobre a lenha e sobre o sacrifício, que o "milagre" ocorrera, ao invés de o fogo ser apagado pela água, aconteceu o contrário, o fogo evaporou-a, significando a sutileza da sua alma.

O caminho de Elias é o caminho que constantemente procuramos evitar, como diz nosso nobre amigo Jung: "*Não há despertar de consciência sem dor. As pessoas farão de tudo, chegando aos limites do absurdo para evitar enfrentar a sua própria alma. Ninguém se torna iluminado por imaginar figuras de luz, mas, sim, por tornar consciente a escuridão.*"

Infelizmente a grande massa da humanidade busca fora aquilo que se encontra dentro. Procuram soluções para as consequências ao invés de voltarem-se para a ciência das causas, de forma a reunir toda a fragmentação interna, pois tudo se encontra dentro de cada um.

Para encerrar, o verdadeiro trabalho da Cabala (o trabalho de Elias) consiste em despertar o homem a partir dele próprio, a sua essência divina, a lembrança de si, assumindo com maturidade e consciência a condição de co-criador da realidade, tornando-se um Tzadik – Justo, livre de dogmas, práticas ritualísticas, religiosa, superstições ou qualquer expressão exotérica, caso contrário, a fome e a sede voltarão a bater à sua porta.

Ainda como nosso amigo Jung disse mais uma vez: "só aquilo que somos realmente (EU SOU O QUE SOU) tem o verdadeiro poder de curar-nos." Nenhuma conexão exotérica (exterior), ou qualquer outra espécie de prática ritual será capaz de nos transformar, NENHUMA, pois são apenas paliativos. Apenas a gnose, o conhecimento sobre si mesmo e as respectivas Leis do Universo encerradas nos ensinamentos cabalísticos presentes em todas as culturas primordiais, podem proporcionar a verdadeira transformação, pois a legítima conexão brota de dentro para fora. Costumo dizer aos meus alunos que, quando o remédio não fizer mais efeito, aí, sim, começa o verdadeiro trabalho sobre si. Essa é a essência da Cabala – Uma jornada de autoconhecimento.

Uma perspectiva cabalística sobre a morte מות

"*Melhor é ir à casa onde há luto do que ir à casa onde há banquete; porque naquela se vê o fim de todos os homens, e os vivos o aplicam ao seu coração*" (Qoélet 7.2 – Eclesiastes).

Morte, em hebraico, é mavet מות, Mem מ = 40 + Vav ו = 6 + Tav ת = 400, somando tudo dá 446 = 4 + 4 + 6 = 14 = 1 + 4 = 5 = Guevurá Justiça, a quinta sefira da Árvore da Vida. Lembra da história da balança de Maat, que julgava as almas dos mortos segundo o Livro dos Mortos do Egito, onde o coração do finado deveria estar ligeiramente mais leve do que a pena de Maat, e assim em todas as culturas falam de um julgamento pós-morte.

Ainda há outras interpretações cabalísticas: Mem מ = água/messias/mulher; Vav ו = gancho/luz/clareza e Tav ת = verdade/sinal/vida ou morte. Vamos lá, nós nascemos da água/mulher (Mem), retirados do ventre (Vav/gancho) entramos na vida em Malchut (reino material) e no final da vida (Tav – letra final do alfabeto hebraico) passamos pela morte para assim seguir o fluxo natural da dialética, vida e morte, até que por fim atinjamos a libertação total da roda das encarnações.

Os ensinamentos cabalísticos sobre agonia, morte e vida vindoura – e também sobre dormir e sonhar – seriam capazes de preencher uma obra inteira do tamanho da Bíblia, e mesmo assim ainda sobraria muito a ser dito. Farei aqui apenas um esboço das ideias centrais sobre as quais se fundamentam esses ensinamentos à luz da Cabala.

A agonia e a morte constituem um processo natural de dissolução dos elementos densos e sutis da consciência na sua natureza primordial, do ser-consciência que é Ayin Sof (ilimitado). Dessa forma, a morte consiste no regresso da alma a Deus e sua Divindade.

A alma que reconhece Ayin Sof (ilimitado), especificamente Ayin Sof Or (Luz Ilimitada), e percebe a sua unidade com o infinito, consegue o repouso em Deus e na sua divindade. Essa é a razão primeira e única por que devemos buscar incessantemente a espiritualidade enquanto estamos aqui em Malchut (reino densificado) no mundo de Assiá (Ação), conforme dizem o Primeiro e o Segundo Testamentos: *"Buscai o Senhor enquanto se pode achar, invocai-o enquanto está perto"* (Isaías 55.6), e *"Busquem, pois, em primeiro lugar o Reino de Deus (Kéter) e a sua justiça (Guevurá), e todas essas coisas lhes serão acrescentadas"* (Mateus 6.33).

Mas, quando a alma não reconhece a unidade sagrada, esse processo de dissolução conduz mais uma vez a um processo de reencarnação, de forma a dar continuidade aos ciclos de gilgulim (gilgul ha-neshamot – teoria sobre a reencarnação desenvolvida por Isaac Luria baseado no princípio da metempsicose de Platão).

Como a morte é um processo de retorno a Deus, a Unidade Suprema, e tem o potencial e o objetivo da iluminação e da libertação da alma, chamada pelos hindus e budistas de Moksha, pode ser transformada num veículo de autorrealização por intermédio do entendimento do processo e da prática espiritual. Aos olhos do iniciado gnóstico, oferece uma maravilhosa oportunidade, e é vista como a última aventura que a vida lhe oferece em sua jornada em Malchut.

De acordo com a Tradição Cabalística, o processo de morrer começa no momento em que nos colocamos em contato com a causa da nossa morte. O processo da morte pode ser breve ou prolongado, dependendo da causa, conforme diz o Sábio: *"Há caminho que ao homem parece direito, mas o fim dele são caminhos da morte"* (Provérbios 14.12), por isso, o sábio princípio que diz, que é preciso aprender a morrer para depois morrer.

O fato de a Tradição Cabalística dizer que a agonia começa no momento em que nos pomos em contato com a causa da nossa morte, indica que os dois fenômenos, que chamamos de vida e morte, se sobrepõem, estão entrelaçados e dizem respeito à interconexão dos universos e dos planos de consciência, ambas são faces da mesma moeda.

Indica também a verdadeira natureza da nossa experiência da realidade: estamos sempre em transição de um estado de consciência para o outro, ou seja, a realidade da experiência está sempre em constante mutação, assim como nós, nada é estático ou fixo na criação, como disse Buda: todo composto é perecível, e a razão por que os budistas, assim como os Padres Terapeutas do Deserto, ao acordarem pela manhã, desejam uns aos outros não um bom dia, mas uma boa morte, pois a lembrança da morte faz parte da vida, e dessa forma compreendemos que nascer aqui em Malchut corresponde ao início do processo da morte, como dizia o saudoso Chico Xavier: do berço ao túmulo e a roda não para.

No caso de uma enfermidade terminal prolongada, podemos ver mais claramente o processo de mortificação. À medida que o indivíduo vai ficando mais debilitado, a vida física decai. O indivíduo já não se dedica a tantas atividades físicas, às vezes, as posses materiais vão diminuindo e, infelizmente, menos contato passa a ter com as pessoas. As amizades, as posses e as demais atividades são extensões do corpo e da vida que aos poucos vão se desligando naturalmente. Elas vão diminuindo e se dissolvendo. É como se o mundo do indivíduo moribundo estivesse encolhendo – como se o ciclo da vida se fechasse no seu centro. Quando chega o dia do falecimento, o mundo do agonizante é do tamanho do quarto em que se encontra o seu leito de morte.

No leito de morte, quando se desenrola o verdadeiro processo de falecimento, o que ocorre é a dissolução dos elementos densos e sutis, que são terra (forma – Néfesh), água em sua maior parte (sentimento – Rúach), fogo (percepção), ar (intelecto – Neshamá) e espírito-espaço (consciência). A terra se dissolve em água, a água em fogo, o fogo em ar, e o ar, em espírito-espaço, como o processo da queima de uma vela, um processo literalmente alquímico. Depois o espírito-espírito se dissolve em si mesmo, ou seja, dissolve-se na sua natureza mais profunda (Ayin-nada--vacuidade). Por fim, a dissolução da terra, da água, do fogo e do ar representa a dissolução interior ou dos elementos sutis.

Ao morrer pelo beijo de Deus, o espírito do homem sai pela boca e se une a Ele, que, por uns instantes, se disfarçou de morte. No Talmude está escrito assim: *"a mais dolorosa das mortes é a do garrote; a mais doce é a do beijo divino."*

O Zohar, um dos livros de comentários da Torá mais importantes da Cabala, diz que o beijo na boca significa a união de um espírito com outro, já que o espírito tem na boca sua origem e fonte.

Gurdjieff disse: *"Você não é nada, apenas o corpo, e quando o corpo morre, você vai morrer também. Só de vez em quando é que uma pessoa sobrevive – só aquele que criou a alma em sua vida sobrevive à morte – não todos."*

Enoque חנוך o iniciado

Nas narrativas de Enoque e do profeta Elias se encerram os mistérios da ressurreição e da ascensão prefiguradas na Torá. A história de Enoque, o sétimo da geração de Adão, na Cabala corresponde a Kéter – uma história em que se esconde muito mais do que as Escrituras revelam.

"Quando Enoque completou sessenta e cinco anos, gerou Matusalém. Enoque andou com Deus. Depois do nascimento de Matusalém, Enoque viveu trezentos anos, e gerou filhos e filhas. Toda a duração da vida de Enoque foi de trezentos e sessenta e cinco anos. Enoque andou com Deus, depois desapareceu, pois Deus o arrebatou" (Bereshit 5.21-24).

Essa é a narrativa da Torá sobre Enoque, embora breve, ela chama a atenção porque, enquanto a morte dos demais personagens encontra-se registrada nessa seção da Torá, sobre Enoque se diz que "Deus o arrebatou", de forma a ter partido deste mundo sem ter passado pela experiência da morte orgânica.

É dessa narrativa sobre a ascensão de Enoque que se deriva o conceito de rapto divino. Isso quer dizer cabalisticamente que a consciência superior em nível de Kéter é o princípio do rapto divino.

A formulação arquetípica do iluminado seria a seguinte: o indivíduo nasce em Malchut, passa por todas as provações e tentações, supera a passagem pelas águas em Iessód, a travessia da vida – alegoria da passagem pelo mar de juncos – saída da escravidão/ignorância para o deserto existencial da alma, conhece a si mesmo iluminando-se em Tiféret vencendo o mundo de Malchut – o mundo das aparências (Platão), liberto, mergulha no abismo da diluição da personalidade ego e é arrebatado por Kéter para finalmente se fundir com Ayin Sof, A Luz Iilimitada.

Chet ח = 8 + Num נ = 50 + Vav ו = 6 + Caf Final ך = 500 = 564 = 5 + 6 + 4 = 15 = 1 + 5 = 6 Tiféret – Beleza – Esplendor – Cristo – Messias – Arquétipo do logos solar.

É de suma importância para o cabalista compreender que, dentro da Tradição, há histórias dentro de histórias apresentadas nas Escrituras, como se estivessem codificadas entre palavras e entre linhas, isso é chamado de Midrash, e a coleção dessas histórias é conhecida como Midrashim.

O Midrash sobre Enoque fala que ele caminhou na presença de Deus e se fez transparente à Shekinah de Deus, de modo que o seu corpo brilhou com a luz de Deus, e dessa forma foi transformado numa imagem angelical, o zelem do ser divino. Esse zelem corresponde ao grande anjo Metatron, que se encontra acima de todos os anjos de Deus. Assim, Enoque transcendera à condição humana e até à dos anjos de Deus.

Na história de Enoque, encerra-se o segredo do destino divino do ser humano – o propósito da grande obra, que consiste no processo da evolução espiritual em algo mais que humano, em algo divino.

Continuando a interpretação cabalística sobre Enoque, o seu nome significa "iniciado". É significativo que ele tenha vivido 65 anos antes de gerar o primeiro filho. Esse número corresponde ao nome divino Adonai – nome de Deus em Assiá, que é Malchut e a Shekinah abaixo, e é também o número da palavra hebraica para câmara (hekhal). Assim, esse número de anos sugere que o iniciado se converte num recipiente ou câmara para a Shekinah, semelhante a Malchut.

Também é significativo que Enoque vivesse mais 300 anos, número correspondente à letra hebraica shin, que representa a inteligência ardente (Espírito Santo), por meio da qual ocorre toda iniciação, lembrando que Shin é uma das três letras mães, e corresponde ao elemento fogo, localizada na coluna direita da Árvore da Vida, a coluna da justiça (Guevurá), com isso, todo iniciado deve passar pela prova de fogo (Daniel 3.11-18).

Shin é também a letra introduzida no meio do Tetragramaton Sagrado para formar o nome Yeshua – Yahweh liberta. A expressão Ruach Elohim também equivale ao número 300 quando a letra Mem é contada como 40.

Ainda, o total de anos de Enoque, 365 – Shaná – ano, é significativo porque é o número de dias do calendário solar e representa o giro completo da terra em torno do Sol e o giro deste por meio dos 12 signos do zodíaco, ou seja, a representação da libertação da jornada humana da roda das encarnações. Portanto, meus amigos, na história do ilustre Enoque, descobrimos a semente do Evangelho de Jesus Cristo, o 13º, que seguiu na frente dos 12 apóstolos, do mesmo modo que, no nível de Kéter, encontramos a Árvore da Vida completa em forma de semente.

Enquanto Elias representa o espírito profético (Ruach Há--Elijah), nosso amigo Enoque representa o espírito dos iniciados (Ruach Ha-Enoch), e da junção dos dois espíritos surge o Espírito do Messias (Ruach Ha-Messiah).

Hitbodedut התבודדות
A sós com aquele que É

"Tu, porém, quando orares, entra no teu quarto e, fechada a porta, orarás a teu Pai, que está em secreto; e teu Pai, que vê em secreto, te recompensará" (Mateus 6.6).

Vivemos em um mundo ruidoso e conturbado, principalmente no que tange à vida social e comunitária. Porém, os místicos cabalistas sempre foram atraídos pelas práticas de introspecção, contemplação e isolamento, chamado de *hitbodedut*. Essa expressão consiste na forma reflexiva do verbo *"boded"*, que significa *"isolado"*. Dessa forma, *hitbodedut* significa "isolar-se intencionalmente", onde uma pessoa pode se isolar fisicamente ou pode retirar-se para o centro de seu Ser, mesmo que seja no meio de muita agitação externa.

A guematria da palavra hitbodedut: Hei ה = 5 + Tav ת = 400 + Bet ב = 2 + Vav ו = 6 + Dalet ד = 4 + Dalet ד = 4 + Vav ו = 6 + Tav ת = 400 = 827 = 8 + 2 + 7 = 17 = 1 + 7 = 8 = Hod – Glória/Grandeza, ou seja, o número 8 representa transcendência. *Hitbodedut* então significa transcender à glória/grandeza de Deus, um ato de autorreclusão, um encontro privado com aquele que É.

Segundo os cabalistas, essas práticas encontram-se associadas ao episódio da Revelação da Torá no Sinai, onde Moisés se encontrava sozinho na montanha por 40 dias (observe o quaternário 40 = 4 Chéssed – Misericórdia – as 4 letras do Tetragrama Sagrado – a estabilidade). Além disso, muitos profetas como Elias e Eliseu praticavam o isolamento. O mesmo acontecia com Jesus: *"Naqueles dias, retirou-se para o monte, a fim de orar, e passou a noite orando a Deus"* (Lucas 6.12).

O Talmude cita Simão, filho de Rav. Gamaliel, dizendo: *"Fui criado entre sábios, e não encontrei nada melhor do que o silêncio."* No Zohar, o Rav Eleazar diz: *"Em razão do silêncio em que me mantive, construí o santuário que se encontra em cima e o santuário que se encontra embaixo."* Esses santuários consistem na relação vertical, íntima com o Criador, como no sonho de Jacó, onde ele vira uma escada posta em direção ao céu onde anjos subiam e desciam (Bereshit 28.12).

Abraão Abuláfia, um dos pais da Cabala Extática (século XIII), disse: *"Escolha uma casa isolada, onde ninguém ouvirá sua voz. Sente-se lá no seu canto e não revele seu segredo a ninguém."*

Poderia continuar citando aqui mais uma dezena de exemplos de mestres cabalistas que buscavam a prática do hitbodedut. Porém, vale lembrar que uma das diretrizes ocultas a respeito do silêncio vem da visão do profeta Ezequiel (1.4), que diz o seguinte: *"um vento tempestuoso vinha do Norte... no meio dele, havia uma coisa cor de âmbar (chashmal) que saía do meio do fogo"*.

O Talmude nos ensina que, se dividirmos a palavra *chashmal* em duas partes, *chash* – silencioso, e *mal*, que significa falar, encontramos a expressão "silêncio que fala", onde residem os mistérios da criação (lembra o nome da obra de H. P. Blavatsky – *A voz do silêncio, um tratado sobre o silêncio na visão védica*).

Em suma, silêncio para o praticante do hitbodedut, significa silêncio interno. Um indivíduo pode estar caminhando em uma avenida movimentada e barulhenta e ao mesmo tempo estar mergulhado em um estado de total silêncio e quietude interna. Enquanto outro pode estar isolado fisicamente em uma cabana no interior de uma floresta, e estar numa confusão interna. Silêncio interno significa ter a habilidade de perceber o pensamento mais sutil que pode surgir na mente em meio às confusões mentais, como disse Einstein: *"Penso noventa e nove vezes e nada descubro; deixo de pensar, mergulho em profundo silêncio – e eis que a verdade se me revela."*

יְסוֹד Iessód o alicerce da Criação

"*Em tempos remotos, lançaste os fundamentos da terra;*" (Salmos 102.25). Texto do Sêfer Ietsirá: "*Consciência pura – Séchel Tahor: Ela é chamada assim porque purifica as sefirot. Prova o decreto de sua estrutura e a essência interna de sua unidade, fazendo-a brilhar. São então unificadas sem corte nem separação.*"

A palavra Iessód, que corresponde à nona sefira da Árvore da Vida, significa base, fundamento conotando reciprocidade. A sefira Iessód se encontra no pilar central da Árvore da Vida, o pilar do equilíbrio, entre Malchut e Tiféret na posição vertical da árvore. Do mesmo modo que o alicerce de um prédio, que funciona como interface entre o solo e a estrutura, Iessód serve de base para a Árvore da Vida, a interface das sefirot acima com a sefira Malchut abaixo.

Os cabalistas chamam Iessód de "a base do palácio das luzes" e, assim, como o alicerce de um prédio proporciona a estabilidade à estrutura, Iessód dá a estabilidade ao palácio das luzes.

A gematria de Iessód corresponde ao número 8: Yud י = 10 + Samech ס = 60 + Vav ו = 6 + Dalet ד = 4 = 80. Assim como o número 7 corresponde à Criação original, assim também, o número 8 pode corresponder ao Dia da Regeneração de acordo com a narrativa de Noé, onde o número de almas que foram salvas foi 8, e Noé, o oitavo a sair da arca.

A razão matemática de 9 (Iessód) para 8 é sesquioitava (sesqui + oitava = em música, compasso 9 por 8), formando um tom, e é atribuído à Lua, essa a razão de Iessód ter a Lua como seu símbolo arquetípico. Os judeus praticavam a circuncisão no oitavo dia, e, por ocasião da festa de Chanuká, acendiam 8 velas e mais uma, que forma 9 (Iessód), e também essa festa tem a duração de oito dias, 8 – Hod – a Glória de Deus.

A função de Iessód é receber a afluência do ruhaniyut e do shefa (correspondem a expressão/manifestação da força vital) de todas as sefirot que se encontram acima dela e a distribui a Malchut, preenchendo-a com vitalidade.

A parte dos 32 Caminhos da Sabedoria diz que "purifica as emanações", atuando como um filtro, difundindo a luz superior para que Malchut possa recebâ-la sem que haja nenhum prejuízo.

A força da afluência da luz superior e as energias espirituais das sefirot fluindo para Iessód são demasiadamente intensas para serem recebidas diretamente por Malchut. Dessa forma, Iessód tem a função vital de absorver a força da afluência servindo como controle do fluxo de ruhaniyut e shefa em Malchut.

Esse trabalho de filtragem da luz superna e difusão em Malchut, segundo os 32 Caminhos da Sabedoria, revela o decreto de sua estrutura e a essência interior da sua unidade, fazendo-a brilhar. Esse é o mesmo processo que ocorre em relação às ideias formadas pela nossa mente, onde primeiro avaliamos os nossos pensamentos, que são formas de energia, e assim, depois de filtrados, aquilo que sobrou de relevante é o que colocamos em prática.

Assim, Iessód representa as substâncias sutis dos planos astrais, também chamada de luz astral. Trata-se de uma substância curiosa, que compartilha as naturezas da mente e da matéria. Consiste essencialmente na substância da própria consciência, que se encontra no ponto de transição entre a mente e a matéria – sendo essa última a manifestação mais densa da consciência, e a luz astral, a substância mais sutil, dentro e por trás de toda a forma material que constitui o universo – o nível de consciência onde mente e matéria se encontram.

Para encerrar, de acordo com a Cabala, o equilíbrio de forças espirituais em Iessód é determinado pelos pensamentos, sentimentos/emoções, palavras, e pelos atos dos seres humanos. Assim, os planos astrais correspondem ao resplendor da consciência humana e especificamente ao produto da imaginação criativa da humanidade.

Em Iessód se encontram depositadas as imagens do subconsciente, quando o iniciado acessa esse nível, começa a ter visões e percepções que vão muito além dos padrões normais dos pensamentos humanos, suas intuições ficam aguçadas, porém, nem sempre suas impressões são claras. Essas intuições são reflexos das emanações de Tiféret, a mente iluminada.

Se tomarmos consciência de que a mente e a matéria não são, na verdade, tão separadas como imaginamos – e que por meio da mente se é possível estabelecer mudanças radicais no mundo material (Malchut), entenderemos que o segredo por trás tanto da profecia quanto da magia encontra-se na imaginação criativa. E o mais importante é compreendermos como pesam os pensamentos que abrigamos na mente, assim como as fantasias do coração – é por meio deles que se determinam o nosso destino e a nossa sorte, e ainda, o destino do mundo. Logo, a base/alicerce da criação consiste no poder do desejo-energia em nós e a imaginação criativa que o conduz.

יסוד Iessód e os arquétipos da transcendência

72 "Nomes, Sopros ou Gênios de Deus" = 7 + 2 = 9, na Cabala presidem as 72 duas divisões do céu, as 72 partes do corpo humano, e são formados a partir de três combinações de três letras hebraicas que vêm do livro da Torá – Shemot (Êxodo), capítulo 14, versículos 19, 20 e 21; 108 Nomes Sagrados de Shiva no Japamala = 1 + 8 = 9, lembrando que podemos encontrar Japamalas menores com 27 ou 54 contas, todas subdivisões de 108, ou seja, a resultante sempre será 9; as 72 stupas Budistas nos templos da Birmânia = 7 + 2 = 9 que representam a mente de todos os seres iluminados, Bodisatvas, Tzadiks etc. Ainda temos também no mundo islâmico 99 nomes de divindades = 9 + 9 = 18 = 1 + 8 = 9. Segundo os judeus Deus descera à terra 9 vezes: a primeira vez no Éden, a segunda, na confusão de línguas em Babel, a terceira, por ocasião da destruição de Sodoma, a quarta, para falar a Moisés no Monte Horeb, a quinta, no Monte Sinai, a sexta, para a repreensão de Balaão, a sétima, quando apareceu ao profeta Elias, a oitava, no Tabernáculo, a nona, no Templo de Jerusalém, e a décima vinda será com o Messias no final dos tempos.

Poderia enumerar diversos outros "portais de transcendência" espalhados pelo mundo, mas esses quatro já são o suficiente para transcorrermos sobre o assunto.

Percebam que a resultante desses arquétipos corresponde ao número 9, que corresponde à sefira Iessód na Árvore da Vida, e seu atributo é o fundamento de todas as coisas, mais exatamente o fundamento da criação, o portal/ventre por onde tudo se materializa. Observe na natureza que levamos nove meses para nascer.

Jesus Cristo expira na nona hora, simbolizando o seu Pessach, a sua transcendência, a elevação para o mundo superior.

Todos esses portais possuem a mesma função de conduzir o indivíduo a um nível de consciência mais elevada, também chamado de consciência transcendental. A questão vai muito além de apenas ficar mentalizando, visualizando ou evocando mantras, e sim, de procurar por meio destes o estado de serenidade necessária para encontrar a centralidade, ou seja, permitir a abertura dos portais do inconsciente, o acesso ao templo interno, o Santo dos Santos que habita em cada um de nós.

Iessód corresponde ao número 9, chamado o número da matéria porque contém todos os números naturais em si, gerado pela tríade perfeita: 3 + 3 + 3 = 9 ou ainda 3 x 3 = 9. Esse número marca a transição de um novo ciclo, embora os antigos temessem esse número e seus múltiplos, em especial o 81, pois consideravam sinal de mau presságio, indício de mudanças e momentos delicados de fragilidade, como, por exemplo, a destruição dos dois templos dos judeus que ocorreram no nono dia do mês judaico de *Ab*.

Ainda na visão cabalística, o número 9 corresponde à nona letra do alfabeto hebraico, Tet, chamada de letra da bondade, do bem, do bom, em virtude do aparecimento dela na primeira vez na Torá, em Bereshit, no processo da Criação em que está escrito: *"Vaiar Elohim et haor ki tov..."* – E viu Deus que a luz era boa. (Gênesis 1.4), onde a palavra Tov quer dizer "bom".

Podemos observar também que a letra Tet possui o formato de um ventre, a vida, e de uma serpente, a morte, assim como a sefira Iessód, por meio dela viemos à Malchut e por meio dela transcendemos para Tiféret.

Para encerrar essa pequena explanação, quando os cabalistas dizem alegoricamente que foi pela utilização dos 72 Nomes de Deus que Moisés "abriu o mar de juncos", não significa que, se você ficar escaneando visualmente a tabela dos 72 nomes, milagres vão acontecer, até porque milagres não existem, o que existe são resultados fruto de muito esforço, disciplina e dedicação de acordo com a Lei de Causa e Efeito e do karma que cada um carrega consigo: *"Por seus frutos conhecereis. Porventura colhem-se uvas dos espinheiros, ou figos dos abrolhos?"* (Mateus 7.16).

Iessód nos convida a despertar os nossos potenciais criativos inatos; como Moisés no deserto, que vira a provisão de Deus no "nada", assim devemos agir, enxergando possibilidades onde aparentemente não enxergamos nada. As necessidades geram oportunidades, e é nesse momento que Iessód se manifesta, fazendo-nos intuir o caminho que devemos seguir.

Lembremos que todas as grandes invenções e feitos revolucionários surgiram por meio de processos intuitivos, e algumas até diante de situações inusitadas, demonstrando a manifestação de Iessód no processo preparatório para a realização e concretude dos planos superiores, ou seja, passando do 9 – Iessód para o 10 – Malchut – O Reino, uma totalidade, a transcendência e independência.

Yah יה os segredos da consciência messiânica

Segundo a Cabala, foi com o nome Yah, composto pelas duas letras iniciais do Tetragrama Sagrado, Yud ׳ elemento Fogo = 10 e Hei ה elemento Ar = 5, que Deus criou os dois mundos – Olamim. Com a letra Hei ele constituiu o universo visível, Olam Aze e com a letra Yud, Olam Abá, o mundo dos céus.

De acordo com a simbologia das letras, Yud significa a mão de Deus, enquanto a letra Hei, uma letra de abertura, significa dom, doação ou ação, logo, podemos entender que as duas primeiras letras do Nome Inefável significam juntas, a mão (doadora) de Deus em ação. E ainda somando o valor guemátrico das duas letras: Yud ׳ = 10 + Hei ה = 5 = 15 = 1 + 5 = 6, que é o número correspondente à sefira Tiféret, Beleza/Esplendor e também aos 6 dias da criação.

Nos Salmos está escrito: *"É com Yah (Yud e Hei) que Deus criou o mundo..."* (Salmos 146.6). O Talmud comenta esse salmo dizendo: "Com o Yud, Ele criou o mundo vindouro – olam Abá –, e com o Hei, este mundo – Olam Aze. Ainda em Isaías: "foi com Yah que Deus criou os mundos" (Isaías 26.4). Esse plural nos designa os dois mundos (material/espiritual).

Na letra Yud se concentra a totalidade, por isso seu valor numérico é 10. Na Cabala, fala-se de 10 círculos em que o início e o fim são idênticos: formam uma só cadeia. Por isso que 1 e 10 são a mesma coisa, a Unidade – Echad. O 1 encontra-se presente no 10, porém de forma diferente. É igualmente a razão pela qual o número 10 é particularmente respeitado, não somente como número, mas porque ele conota perfeição.

Na Árvore da Vida, o nome Yah corresponde aos mundos de Atzilut (Yud) – Mundo das Emanações e Briá (Hei) – Mundo das Criações. Ainda na Árvore da Vida, na nona sefira, Iessód, que significa fundamento/alicerce/portal/passagem, a palavra Iessód possui a mesma raiz semântica – Yeh/Yah, logo, podemos ler YaH-SoD, que significa "SEGREDOS (Sod) de Deus (Yah)". Então, em Iessód ou YaH-SoD, encontram-se os segredos para a elevação da consciência, do padrão terreno/materialista (Malchut) para o padrão mais elevado, espiritual (Tiféret – consciência messiânica – Esplendor).

Percebam a guematria da palavra Iessód יסוד: Yud י = 10 + Samech ס = 60 + Vav ו = 6 + Dalet ד = 4 = 80 = 8 + 0 = 8, que representa a oitava sefira da Árvore da Vida, Hod, a Glória de Deus, que se encontra escondida em Iessód, o veículo de transporte de acesso entre a imanência de Malchut e a transcendência de Tiféret.

A travessia do mar de juncos consiste na saída da escravidão (Malchut/Egito/Matéria), passando por Iessód/portal/fundamento, para a libertação, e assim, chegando a Tiféret (Canaã/terra prometida/espírito). Yah é apenas a metade da travessia, e no deserto da alma (Sinai) o nome completo é revelado, o Grande EU SOU, IHWH, aquele que continua sendo.

Kerubim כרובים os zeladores do Conhecimento Sagrado

Na dimensão de Ietsirá, a sefira Iessód se manifesta como a ordem dos kerubim, que no singular hebraico é keruv כרוב nome de origem acadiana/Assíria/Babilônica? – *Karibu*, que possui várias interpretações de acordo com diversos exegetas ao longo dos tempos, porém, quero me ater à definição do místico, teólogo e filósofo Pseudo-Dionísio, o Aeropagita, autor do *Corpus Aeropagiticum*, que definiu o termo querubim como sinônimo de "conhecimento", o nome por meio do qual podem ser conhecidas as "entidades" que integram o coro dos *Hayyot Ha Kodesh*, chamados miticamente de "seres de fogo", com o significado de "aquele que reza ou intercede", porém me atenho a chamar esses, apenas de variantes vibracionais do universo.

O conceito teológico de queda em nível de Sod – Cabala, corresponde ao distanciamento e rejeição do conhecimento primordial das leis da natureza em todos os níveis, e os querubins representam alegoricamente os zeladores desses conhecimentos.

Quando analisamos a guematria do nome kerubim no singular keruv: Caf כ = 20 + Resh ר = 200 + Vav ו = 6 + Bet ב = 2 = 228 = 2 + 2 + 8 = 1 + 2 = 3, encontramos o resultado equivalente à terceira sefira da Árvore da Vida, Biná, de onde procede todo o conhecimento/entendimento necessário para a construção do universo, de onde provêm as 50 portas da inteligência. Enquanto Biná corresponde ao portal de cima, que separa a tríade superna das demais sefirot, Iessód é o portal inferior.

Com essas informações, podemos fazer uma profunda análise cabalística sobre as relações entre Iessód – Portal – Fundamento e Biná – Conhecimento/Entendimento. Começamos analisando a origem dos querubins na Torá em Gênesis 3.24, onde diz que Deus plantou-os ao oriente do Éden, lembrem-se, dois. Depois em Êxodo 37.6-9, na instrução da construção do propiciatório (a tampa da Arca da Aliança).

Depois de Biná, temos os seis dias da criação que correspondem às sefirot: Chéssed, Guevurá, Tiféret, Nêtsach, Hod e por fim Iessód, o portal para a realização de Malchut. O que há em comum entre os dois querubins tanto no Éden quanto no propiciatório da arca da aliança, é um espaço entre eles, logo, esse espaço corresponde à Presença de Deus, daquele que é.

Aquele que "invade" esse espaço indevidamente e despreparado é "fulminado", em outras palavras, aqueles que não se encontram conscientes, maduros e despertos em relação às leis do universo e procurando agir como verdadeiros justos – Tzadik – serão excluídos de desfrutarem dos mistérios encerrados na Torá – O Jardim das Delícias, através do Sod – Segredo, e viverão como aqueles que, cegos, continuam trilhando sem buscar conhecimento, apenas querendo soluções instantâneas e fáceis para os problemas criados por eles mesmos.

Esses que não querem amadurecer pelo autoconhecimento, não sendo sinceros consigo mesmos, vivem numa cultura de superfície, buscando soluções por meio de promessas, superstições e práticas insidiosas de que nada de Cabala têm realmente.

Lenda do Zohar sobre Elias e a Torá

"*Um dos discípulos teve uma visão, que relatou aos companheiros: "Eu vi o profeta Elias descer em um halo de fogo. Ele parou para saudar minha alma com as palavras: "Vem comigo à cidade de Jerusalém, pois lá vou adverti-los que todas as cidades dos eruditos serão destruídas. Mas seus habitantes devem saber que podem evitar o decreto maligno se se voltar para o estudo da Torá, que foi negligenciado. E, enquanto o estudo da Torá continuar em Jerusalém, ela continuará a existir. Pois a Torá é a Árvore da Vida para todos os que vivem*" (Lendas do Zohar sobre seus discípulos).

Entre as diversas lendas e chamados outros escritos em torno do Zohar, essa porção tem muito a nos revelar por suas alegorias.

A visão do discípulo consiste na descida do relâmpago pela Árvore da Vida. O profeta Elias representa o espírito da profecia, que anda lado a lado com o espírito da lei, que tem como representante Moisés. Esse é o mistério da transfiguração de Jesus no monte, Lei e Profecia, Sabedoria (Chochmá) e Entendimento (Biná) – "*quem tem ouvidos, ouça o que o Espírito diz às Igrejas...*" (Apocalipse nas cartas às sete Igrejas da Ásia).

Quando o discípulo diz que Elias parou para saudar a sua alma com palavras, ele está se referindo às palavras da Torá em nível de Sod – Segredo (falando à alma – essência), que consiste na interpretação que vem da alma-profecia, pois o código da Torá está em nosso DNA físico e espiritual, por isso que se diz que, quando estudamos a Cabala, estamos apenas recordando aquilo que sempre esteve dentro de nós, a lembrança de si, da nossa natureza imortal, daquele que é.

A cidade de Jerusalém representa o centro, o nosso Tiféret interno, onde exercemos o discernimento e a sabedoria do bom juízo (Guevurá) com misericórdia (Chéssed) estabelecendo a paz. Para entrarmos em contato com os mistérios da Torá, é preciso destruir as "cidades dos eruditos", ou seja, é preciso desconstruirmos todas as crenças e convicções, e as multidões das cidades são as diversas vozes interiores, a pluralidade de eus que não permitem que enxerguemos as coisas como elas realmente são.

É preciso se desvencilhar de todos os dogmas, formalidades religiosas e doutrinações, assim como das falsas certezas e impressões construídas pela mente, lembrando que nós não somos a nossa mente, e, sim, apenas a grande testemunha no desenrolar da história.

Assim, depois de toda libertação das crenças e convicções, e de se ter livrado das literalidades pueris, podemos nos aproximar da Torá, instaurando seus profundos ensinamentos (Sod – Mistério) em nosso centro, na nossa Jerusalém, em Tiféret (Beleza-Coração). *"Guardo no coração (Tiféret) as tuas palavras (Torá), para não pecar (me afastar) contra (de) ti"* (Salmos 119.11). Dessa forma podemos compreender por que a Torá é a própria Árvore da Vida.

Liberdade com amor e sabedoria חרות

A palavra em hebraico para liberdade é *cheirut* e seu valor guemátrico é 614: Chet ח = 8 + Resh ר = 200 + Vav ו = 6 + Tav ת = 400 = 614 = 1 + 613, ou seja, todo o número hebraico corresponde ao seu valor mais um, por exemplo, quando dizemos que o alfabeto hebraico possui 22 letras, isso corresponde a 21 + 1 = 22. Isso acontece pelo fato de que Um – Echad é indivisível e dele tudo provém. É por essa mesma razão que a primeira letra da Torá é Bet, a primeira letra da palavra Bereshit. Ainda dentro da guematria cabalística, podemos compreender que a liberdade só pode ser alcançada por meio da Sabedoria – Chochmá: 614 = 6 + 1 + 4 = 11 = 1 + 1 = 2 Chochmá.

Voltando à liberdade – *cheirut*, cujo valor guemátrico é 613 + 1, significa que a liberdade surge para aquele Um (1) que cumpre a Lei e suas Mitzvot (613 = 248 positivas + 365 = negativas) com disciplina, amor, dedicação e consciência. No judaísmo religioso isso é observado de forma literal, já na Cabala, o que importa é apenas a tomada de consciência de sua origem divina e estar de acordo com as leis cósmicas.

O homem liberto é aquele que é circuncidado em seu coração; o homem capaz de elevar sua consciência aos níveis de Neshamah; o homem potencialmente apto a revestir-se da consciência messiânica, da Glória de Deus (Hod). É por essa razão que a Torá se inicia com a letra Bet e termina em seu último livro, Deuteronômio, com a letra lamed na palavra Israel. Cabalisticamente falando, aquele que se dedica à Torá do início (Bet) ao fim (Lamed) terá percorrido o caminho do coração, ou seja, a letra lamed ל + Bet ב = a palavra Lev = Coração. Assim diz o salmista: *"De todo o coração te busquei; não me deixes fugir aos teus mandamentos. Guardo no coração as tuas palavras, para não pecar contra ti" (Salmos 119.10-11).*

A liberdade só pode ser alcançada com a sabedoria do coração – *"Recordar-te-ás de todo o caminho pelo qual o Senhor, teu Deus, te guiou no deserto estes quarenta anos, para te humilhar, para te provar, para saber o que estava no teu coração, se guardarias ou não os seus mandamentos"* (Deuteronômio 8.2).

A interpretação cabalística dessa passagem consiste na jornada do ser humano rumo a si mesmo, percorrendo o deserto que se encontra entre a mente e o coração; os 40 anos segundo o Talmude significam a idade da razão, em que todo ser humano nessa fase da vida já teria passado por várias provas e perdas, assim como 40 consiste no número 4, o Tetragramaton Sagrado, o nome inefável de יהוה, os quatro mundos ou níveis da consciência alcançados, ou ainda, o período de maturação alquímica capaz de produzir o quinto elemento, o ouro nobre dos alquimistas, que consiste num coração valoroso. A palavra humilhar é uma péssima tradução, segundo a Cabala, podemos entender como colocar o ego em seu devido lugar, como servo, e não como senhor de nossas vidas.

Para encerrar, a liberdade também só se conquista pelo amor, como diz o apóstolo cabalista Paulo de Tarso: *"Porque vós, irmãos, fostes chamados à liberdade; porém não useis da liberdade para dar ocasião à carne; sede, antes, servos uns dos outros pelo amor"* (Gálatas 5.13).

Lilith לילית quem é essa personalidade tão temida?

Antes de iniciarmos a nossa jornada sobre essa personagem polêmica e sedutora, é preciso antes lembrar que, segundo a psicologia esotérica, os seres sobrenaturais consistem em partes de nossas personalidades. O fato de possuir medo, atração ou certo fascínio por tais seres sobrenaturais consiste em possuir tais sentimentos por partes de suas próprias personas. Essa é a razão por que os seres míticos são tão atraentes e fascinantes.

Esse tema em sua extensão e complexidade é digno de um livro, porém, venho apenas apresentar algumas considerações para reflexão em cima da Cabala e do Zohar, ainda lembrando que no Zohar há muito do imaginário supersticioso e do caráter machista medieval.

O mito de Lilith não é exclusividade hebraica e muito menos prerrogativa do Zohar. Lilith era chamada pelos hebreus de Layil ou Laila, que significa noite, da mesma raiz suméria Lilitu há mais de 4 mil anos. Porém, esse mito possui arquétipos correspondentes em quase todas as culturas do mundo antigo, como na Babilônia, na Assíria, Persas, Cananeus etc.

A primeira narrativa sobre Lilith no Zohar, descreve que ela surgiu do caos como uma contraparte no processo da criação com a finalidade de estabelecer equilíbrio à masculinidade e à supremacia Divina.

Assim, diz o Zohar alegoricamente: Deus criou os dois grandes luzeiros com a mesma estabilidade. Porém, a Lua (Iessód – aspecto feminino) não se sentiu à vontade com o Sol (Tiféret

– aspecto masculino) e vice-versa. Surgiram então um grande questionamento e uma implicância entre eles. Então, Deus disse à Lua, "torna-te menor", mas a Lua reclamou: "Por que eu?" A Lua se sentindo inferior ao Sol tornara-se líder dos seres inferiores (sombras-Klipots-cascas), que devido a isso ainda perdera a sua luz própria. Às vezes a Lua tinha conexões com o Sol, e dessa forma ficava radiante e luminosa.

Continuando, o Zohar relata que cascas (Klipots) cobriram seu cérebro, e ainda, que Deus ordenara que das trevas surgisse uma espécie de Lua feminina chamada noite, à esquerda, ou seja, representado como o lado das trevas. E da chama ardente do poder das trevas, o seu poder reluziu flamejante e fascinou – a essência feminina – semelhante à Lua.

Assim, as trevas desejam se fundir com a luz, da mesma forma como a noite deseja se fundir com o dia. Para resolver essa situação de discórdia, Deus estabeleceu a separação entre os dois luzeiros, e a Lua, então, foi obrigada a diminuir à frente dos tais inferiores.

Seguindo o Zohar, a hierarquia se estabelecera desta forma: a luz maior representando o dia, e a luz menor, a noite. Sendo que os domínios do dia pertencem ao macho, e os da noite, à fêmea. Então, da Lua se sentindo inferiorizada saíra uma casca, que os cabalistas chamam de klipot ou "casca do mal", e dessa mesma teria nascido a tão temida Lilith.

Poeticamente o Zohar relata que ela, da cabeça ao umbigo, Lilith, é linda, mas do umbigo para baixo ela é fogo abrasador, com isso, devido a sua origem, fruto de um ressentimento, ela é sombria, ardente e noturna. Logo, Lilith consiste no lado sombrio das pessoas que podem se comunicar por meio dos sonhos noturnos e até diurnos. O arquétipo da sombra, um conceito transpessoal. O Zohar acrescenta que é esse lado sombrio que permite a sua e a nossa permanência no mundo de Malchut. Jung diz que Lilith corresponde ao equilíbrio entre a luz e a sombra.

Enquanto na Árvore da Vida as sefirot são recipientes que contêm virtudes, as Klipot são como recipientes quebrados (fragmentação do ser). Segundo os cabalistas, Salomão associou as Klipot a cascas de noz, ainda, uma "camada sensual" que desperta o desejo – Lilith.

Dessa forma podemos descrever a criação do mundo usando o princípio da Lei de Correspondência: "Assim como é em cima, também é embaixo." De um ponto de luz que vem de cima e se estende até criar um palácio (Hekal), um esplendor. Esse palácio é arquetipicamente conhecido como "casa do desconhecido."

Da extensão da luz/palácio, surgem diversos níveis de luz, cada qual com o seu atributo/vestimenta (sefira), um nível torna-se a consciência para o outro até que se formem as 10 sefirot na Árvore da Vida.

Lá no topo da Árvore da Vida, encontra-se também o feminino de Deus (Deus pai/mãe), pois se Ele é tudo, logo, tem de ter o duplo, e esse duplo chama-se Shechiná, que também tem o seu correspondente lá embaixo da Árvore da Vida, que podemos chamar de Lilith, o lado feminino de Deus na sua condição autoritária.

O esquema seria dessa forma: em cima, Deus e Shechiná (face grande), e embaixo, Samael e Lilith (face pequena). As contrapartes e complementaridades.

Lilith nasceu do poder divino de julgar e punir com severidade (Din-Guevurá) junto com Samael, que se tornou seu consorte, ou seja, segundo o Zohar Hadasch (seção Utro, p. 20) Samael – o tentador – junto com sua mulher, Lilith, tramou a sedução do primeiro casal humano (Adão e Eva). Não foi grande o trabalho que Lilith teve para corromper a virtude de Adão, por ela maculada com seu beijo; o belo arcanjo Samael fez o mesmo para desonrar Eva. E essa foi a causa da mortalidade humana.

Podemos ver aqui que toda a questão em torno de Lilith fala da separação da condição andrógina de Adão (a tomada da consciência do bem e do mal – separatividade), que, segundo alguns textos rabínicos e no Sêfer Há-Zohar, contém a afirmação de Rav. Abba de que o primeiro homem era macho e fêmea ao mesmo tempo, pois a Escritura da Torá diz: "E Elohim disse: façamos o homem à nossa imagem e semelhança" (Gênesis 1.26). É precisamente para que o homem se assemelhasse a Deus que foi criado macho e fêmea ao mesmo tempo".

A androginia de Adão é explicada em alguns textos rabínicos, como no Sêfer Ha-Zohar, que contém a afirmação de rabi Abba: *"O primeiro homem era macho e fêmea ao mesmo tempo pois a escritura diz: E Elohim disse: façamos o homem à nossa imagem e semelhança (Gênesis, 1,26). É precisamente para que o homem se assemelhasse a Deus que foi criado macho e fêmea ao mesmo tempo."*

Lilith representa a qualidade divina da natureza e dos instintos (Néfesh), algo perfeitamente natural, nada de demoníaco. Ela é a Deusa da sexualidade, do nascimento (Iessód), da vida e da morte, o ciclo e poder da vida, autonomia etc. Seu arquétipo aparece com vários nomes diferentes: Ísis, Vênus, Afrodite, Inanna, Ishtar, Freya etc.

Os cabalistas dizem que Deus criou o homem – Adão andrógino com dois rostos virados cada um para uma direção, e depois serrou Adão, dividindo-o em duas partes: Adão (Adamah-terra) e Lilith. Após a "queda", a mulher de Adão foi chamada de Eva, mãe de todos os viventes. Lilith – mulher, Eva – mãe, e Adão, homem com instintos primais. O Zohar diz que Lilith guarda as Árvores da Vida e do bem e do mal com sua espada flamejante e giratória.

לילית = Lamed ל = 30 + Yud י = 10 + Lamed ל = 30 + Yud י = 10 + Tav ת = 400 = 480 = 4 + 8 = 12 = 1 + 2 = 3 – Biná, de onde provêm todas as coisas, as 50 Portas da Consciência/Inteligência.

Lamed ל = Cajado/Elevação/ Gancho; Yud י = Mão/Duração; Tav ת = Sinal/Cruz.

Lilith é aquela que iça, levanta o mastro/falo, o poder da virilidade e sexualidade, a senhora dos instintos e pulsões animais. Aquela que instiga e inflama na subida pela kundalini segundo o tantra ioga. A consciência da libido, das forças latentes opostas, Yin e Yang.

Lilith, como arquétipo feminino de Biná, é contraparte do arquétipo masculino de Chochmá na tríade superna: Kéter, Chochmá e Biná.

Ma'aseh Bereshit e Ma'aseh Merkavah

Estes dois conceitos se encontram relacionados na Cabala. Ma'aseh Bereshit corresponde à Obra da Criação, um termo aplicado aos mistérios de Deus e a sua revelação Divina ou profética. Essas expressões também são usadas para indicar duas etapas distintas no desenvolvimento da prática espiritual e do avanço no caminho da autorrealização.

Quando começamos a nos envolver com alguma prática espiritual, a própria prática é produto da nossa mente, especificamente fruto da nossa imaginação criativa. Assim, geramos luzes, cores, sons e uma infinidade de imagens na mente, e a prática espiritual assemelha-se a um voo da fantasia, embora conceitualmente um voo controlado, como disse um sábio amigo, que a aventura pode ser louca, não o aventureiro.

Não existe vida ou poder além daquele que lhe damos. Estamos cultivando as faculdades para avançar na autorrealização, e durante esse processo criamos um veículo, alegoricamente chamado de Carruagem para o estabelecimento da experiência mística espiritual, de uma ascese. Entretanto, no início, estamos longe da autorrealização e possuímos pouca ou quase nenhuma experiência espiritual autêntica na nossa prática.

Praticamos apenas orações, meditação e rituais, cultivando as capacidades necessárias e os veículos por meio dos quais se revelará a experiência místico-espiritual. Essa etapa de geração de experiência é denominada Ma'aseh Bereshit na Cabala.

Chegará um momento em nossa jornada espiritual que nossa experiência prática mudará. Essa prática deixará de ser apenas gerada pela nossa mente, e os seres-forças espirituais, nela representados por efeitos sonoros, luminosos e imagens simbólicas, entrarão na prática espiritual e, assim, a nossa prática vai adquirir vida e poder – presença e poderes sutis. A presença divina se comunicará conosco nas práticas espirituais e, assim, experimentaremos a comunhão cósmica com esses poderes.

Essa é a mudança rumo à etapa de realização, quando as práticas espirituais geram frutos substanciais. É o que se conhece como Ma'aseh Merkavah na Cabala – quando a nossa prática espiritual se transforma num verdadeiro veículo da presença divina e de seus poderes. Mas isso não é tão simples, requer muita disciplina, dedicação e trabalho sobre si mesmo.

Ma'aseh Bereshit expressa o trabalho da assembleia dos iniciados da ordem exterior e corresponde diretamente ao santuário tríplice exterior, aspecto exotérico. Já, Ma'aseh Merkavah expressa o trabalho da assembleia dos eleitos ou dos adeptos da ordem interior, correspondendo diretamente ao tríplice santuário interior, aspecto esotérico, portanto, a verdadeira grande obra.

A partir dessa explanação, entendemos que a transição de Ma'aseh Bereshit para Ma'aseh Merkavah não beneficia apenas o iniciado no âmbito individual, mas toda humanidade e a natureza, pois, quando Ma'aseh Merkavah se manifesta ao poder divino (Kavod), flui dos planos supernos e espirituais por meio dos planos inferiores até o mundo material (Malchut).

Os iniciados que trabalham juntos podem, dessa forma, alterar o equilíbrio das linhas de forças espirituais no plano astral, contrabalanceando as forças de escuridão com as forças de luz e, assim, atuar como agentes conscientes da vontade divina em benefício do reino divino na terra (Kéter-Malchut).

É dentro desse contexto que podemos entender o que o gnosticismo cristão pretende dizer quando declara que "não há salvação pessoal" – ou o que a Cabala, segundo o Zohar sugere quando diz que "os fiéis e eleitos não praticam só por eles mesmos, mas pelo céu". Com efeito, na prática espiritual, não apenas nos elevamos e iluminamos, mas também elevamos o mundo com tudo o que há nele. Logo, a obra da Carruagem Divina – Ma'aseh Merkavah consiste em praticarmos a ascese planetária a favor do Reino Divino, de forma a consumar a vontade Divina.

Maná מן a semente regada que produz frutos da sabedoria

13ª letra – Mem מ = 40 (Água/Mulher) + 14ª letra – Nun Final ן = 700 (Semente/Fruto) = 740 = 7 + 4 = 11 = 1 + 1 = 2 = Chochmá – Sabedoria.

"*E levantou-se a camada de orvalho, e eis que sobre a face do deserto havia algo fino, descoberto, fino como a geada sobre a terra. E viram os filhos de Israel, e disse cada homem a seu irmão: Que é isto? pois não sabia o que era. E disse Moisés a eles: É o pão que vos dá o Eterno para comer*" (Shêmot – Êxodo 16.14,15).

Interessante é que, na ordem do alfabeto hebraico, as letras que formam a palavra Maná encontram-se seguidas: o Mem é a 13ª letra, e o Num, a 14ª letra. Segundo os cabalistas, em todas as letras que se sucedem ou se antecedem umas às outras existe uma correspondência, e aqui, vemos que a água vem primeiro e depois a semente, ou seja, sem a água a semente não se desenvolve e consequentemente não há frutos.

Ainda no alfabeto hebraico, a 13ª letra (Mem) mais a 14ª letra (Num), matematicamente é: 13 + 14 = 27 = 2 + 7 = 9 = Iessód – Fundamento. Cabalisticamente falando, a Sabedoria é o Fundamento de todas as coisas, inclusive na Árvore da Vida, ela vem antes de Biná, a terceira sefira, que corresponde ao Entendimento/Compreensão da Sabedoria, que daí vão surgir todas as coisas criadas, por meio da chamada 50 Portas da Inteligência, que tem como arquétipo o grande útero da Grande Mãe – Biná.

É importante compreender o contexto na Torá sobre o Maná. Moisés e o seu povo (multidão de eus – as milhares de vozes interiores) encontram-se no deserto (vazio interior – lugar de encontro com o EU SOU – o Self – Eu Superior). Em sua condição humana, vivencia as experiências biológicas e instintivas, e uma delas é a fome de carne (desejos materiais), então o Eterno envia as codornizes, porém, essa fome retornará sempre. Segundo a Cabala, somos desejo, "desejo em movimento", essa é a nossa qualidade essencial dentro da condição humana, aquilo de que somos feitos, o que nos mantém em movimento e nos motiva.

Os desejos são ilimitados, e segundo a Cabala eles podem ser divididos em três níveis:

1º) Os desejos têm a sua origem nos impulsos mais primitivos (Néfesh). Todas as necessidades, assim como os comportamentos adquiridos e as vontades do indivíduo neste nível, encontram-se focados na satisfação dos desejos animais primais chamados instintivos. O desejo de alimentar-se e de dormir, assim como a ânsia por sexo, correspondem à ordem de desejos desse indivíduo.

2º) No segundo nível, esses desejos são dirigidos ao tipo de satisfação que não se encontra no reino animal, como honrarias, sede de poder, prestígio, fama e domínio sobre os demais. Consequentemente, pensamentos, escolhas conscientes, decisões e ações dos indivíduos nesse segundo nível, estão dirigidos à gratificação máxima desses desejos egoístas ligados a *status*.

3º) No terceiro nível, os desejos são movidos pelas formas de raciocínio mais elevadas, sendo dirigidas à satisfação dos desejos do intelecto, tais como a ânsia por conhecimento, a sabedoria e a obtenção de respostas para questões mais elevadas e primordiais.

Em seguida, o Eterno envia o Maná pela manhã (uma metáfora para a luz do dia – esclarecimento), onde o seu sentido cabalista consiste no alimento espiritual (água/semente), relacionado à grande sabedoria universal. O que antes compreendia as coisas necessárias agora compreende as coisas essenciais. No Maná encontramos o Segredo – Sod – Portal, a dimensão oculta da Torá revelada àqueles que buscam conhecer-se a si mesmos e assim transfigurar-se, como Moisés e Jesus representando o mesmo elemento arquetípico de iluminação.

O Maná sempre esteve ao alcance de todos, porém, a grande maioria prefere se satisfazer com os manjares efêmeros, o prato de lentilhas, as soluções momentâneas e impermanentes. Preferindo continuar se enganando, culpando os outros e se vitimizando, ao invés de despertar para a sua realidade, encarando a si mesmo, buscando fazer o seu tikkun, *mutatis mutandis* e assim, libertar-se das artimanhas do ego e seu famigerado povo (eus). Somente assim, cruzando o deserto árido da alma, não se alimentando apenas de pão, mas de toda a palavra que provém da boca do Eterno (Sabedoria Interior), conhecendo-se a si mesmo, que é possível transfigurar-se.

Melki Tsedeq מלכי צדק
o Rei da Justiça e da Paz

Mem מ = 40 + Lamed ל = 30 + Caf כ = 20 + Yud י = 10 + Tsade צ = 90 + Dalet ד = 4 + Kuf ק = 100 = 294 = 15 = 6 = Tiféret – Beleza

O Rei da Justiça ou de Paz é aquele que julga (guevurá) com misericórdia (Chéssed). É Tiféret-equilíbrio entre a doação de Chéssed e a restrição de Guevurá, um Deus Justo (Tsade-Tzedek), conforme diz o Zohar, que Melki Tsedeq, Rei de Salém, é o estereótipo do Rei que governa com soberania completa, e assim estabelece a paz entre os homens, a paz que excede todo entendimento e que guarda os corações (Lev-Ruach) e os pensamentos (Neshamah) conforme descrito na epístola paulina de Filipenses 4.7

Melki Tsedeq é um personagem arquetípico que figura em quase todas as culturas religiosas do mundo, chamado pelo filósofo perenista, René Guenón, de Rei do Mundo. O ato sacrificial de Abraão partilhando pão e vinho e Melki Tsedeq ofertando o dízimo nos remetem a uma profunda interpretação cabalística, onde o pão e o vinho, símbolos eucarísticos, simbolizam a comunhão entre os planos material e espiritual, e o dízimo, correspondente à 10ª parte, simboliza o sacrifício (sacro-ofício) da árdua jornada pela Árvore da Vida pela qual Abraão precisa passar, o percurso pelas 10 sefirot até a libertação total, o chamado de Abraão: Deus disse: "Vai" – "Vai para ti mesmo (lech lechá), conhece-te, completa-te."

O fato de ele não possuir genealogia significa que, para se fazer o bom juízo, o bem e estabelecer a paz, não há tempo predeterminado, qualquer momento é momento, a paz e o bem devem ser eternos.

Ainda utilizando a simbologia das letras hebraicas, segue uma exegese cabalística sobre a missão redentora de Melki Tsedeq: o messias (Mem-Messias) é aquele que conduz (Lamed – cajado) o povo com justiça (Tsade) levantando-elevando (Lamed-cajado) o pobre (Dalet) e colocando-o nas mãos de Deus (Yud – Mão de Deus) renovando a sua fé e esperança vislumbrando o Sol no horizonte (Cuf – Sol no horizonte).

Seja lá onde você estiver, seja um embaixador da paz, e assim a justiça de Deus se fará presente entre todos. O seu testemunho de vida vale muito mais do que inúmeras práticas rituais cabalísticas. Vai para ti mesmo, fora do autoconhecimento não há libertação.

Metatron מטטרון

Mem מ = 40 (água) + Tet ט = 9 (abrigo) + Tet ט = 9 (abrigo) + Resh ר = 200 (cabeça) + Vav ו = 6 (gancho) + Num Final ן = 700 (reinado) = 964 = 9 + 6 + 4 = 19 = 1 + 9 = 10 = 1 = Kéter

Metatron é o cabeça (Resh) que traz (Vav) e abriga (Tet) as águas de cima (Mem) em seu reinado (Num).

Existe uma infinidade de lendas e interpretações sobre o anjo Metatron, porém, quero me ater neste breve capítulo, a apresentar uma visão voltada para o autoconhecimento, deixando de lado as interpretações fantásticas e do imaginário popular.

Na Cabala, Metatron é considerado como o princípio espiritual ativo de Kéter – a Coroa, ou seja, a primeira sefira da Árvore da Vida e a mais próxima da Luz Ilimitada de Ayin Sof. É nele que se abrigam os eflúvios, ou as também chamadas águas de cima que irão dar início à Criação do Universo.

Com as outras demais sefirot em seu comando, empreendem a luta contra as potências das "trevas", que nada mais é do que o seu próprio reflexo escuro e invertido, as cascas, ou ainda, as klippoth, dissipando a ignorância no coração do homem, e fecundando-o, simultaneamente a essa mesma ação, com as influências espirituais que transmitem. Metatron tipifica o mensageiro desperto.

No Zohar, Metatron é citado como "o jovem", sendo identificado como o anjo que conduziu o povo hebreu pelo deserto durante 40 anos, ou seja, no período de maturação da humanidade.

De acordo com o Zohar, em Shemot – Êxodo, durante o período em que o Mishkan – Tabernáculo foi construído na Terra, havia também um correspondente celestial. O Zohar refere-se a esse templo como o "Tabernáculo de Metatron", onde o anjo Michael seria o Sumo Sacerdote. A explicação do Zohar é que, assim como Josué e Samuel ainda jovens foram guardiões do Tabernáculo, Metatron também é chamado de "O Jovem" do Templo Celestial.

No Zohar há uma história em que Rabi Shimon bar Yochai faz um elogio aos rabinos Chiyah e ao rabino Yoseph por ter ficado no Templo Sagrado por dois dias seguidos e lá ter recebido os ensinamentos ocultos da Torá pela boca de Metatron.

Segundo a intepretação cabalística desse episódio, ficar no templo consiste em estar em templo, ou seja, eles estavam em contemplação, e nesse período tiveram uma experiência de expansão de consciência, que, em outras palavras, conseguiram pelo processo da contemplação alcançar a realidade dos 99%, a câmara nupcial do Palácio do Rei.

Sendo Metatron o mais alto anjo do céu, o Zohar calcula que seu tamanho é "igual à largura do mundo inteiro", que na doutrina rabínica tinha o tamanho de Adão antes de ter pecado. Isso lembra muito a frase antropocêntrica do filósofo Protágoras: "o homem é a medida de todas as coisas". Ainda, se pegarmos o Tetragrama Sagrado, colocando as letras em ordem vertical, Yud י, Hei ה, Vav ו e Hei ה, encontramos a figura do Homem Primordial, Adam Kadmon, que na Árvore da Vida representa os quatro mundos ou níveis de consciência: Atsilut, Briá, Ietsirá e Assiá.

O que o arquétipo de Metatron nos ensina é que por meio do estudo aprofundado da Torá, assim como dos livros cabalísticos e da prática da meditação e da contemplação, podemos subir a "Escada de Jacó" (elevação da consciência) e atingir o nível de consciência mais nobre e elevado, o nível de Atsilut, de onde provêm todas as emanações das águas de cima, ou seja, da Luz Ilimitada – Ayin Sof.

Lembrem-se sempre das sábias palavras de C. G. Jung: *"Ninguém se torna iluminado por imaginar figuras de luz, mas, sim, por tornar consciente a escuridão.*" Tornar-se consciente da escuridão é reconhecer a condição de ignorantes em relação a nós mesmos e deixar de ficar buscando fora tudo aquilo que se encontra dentro de cada um. É adentrar a câmara nupcial do Palácio do Rei e com ele celebrar a redenção daquele que é.

Mistérios do nome de Adão אדם

O nome Adão é formado pelas letras Alef א = 1; dalet ד = 4 e mem מ = 40 = 45 = 4 + 5 = 9, Iessód, a sefira que corresponde ao Fundamento (portal). A exegese cabalística é a seguinte: Adão (álef) é aquele que veio (passou pela porta – ventre – Dalet) ao mundo (Malchut) pela mulher (Mem).

As três letras que constituem o seu nome são vistas como a representação dos três estágios do processo de evolução da alma, chamado de *nitzotzot ha-neshamot*.

O primeiro estágio é representado pela letra álef, a queda, quando as centelhas caíram em Malchut (processo de densificação de energia).

O segundo estágio está associado à letra dalet (porta), é David, corresponde ao processo da reparação das centelhas, *tikun* é o período em que estamos vivendo, tendo a missão de nos melhorar. E por último a letra mem, que corresponde ao Messias (mem = m, inicial da palavra Messias), o estado de retificação completa das centelhas caídas – o mundo vindouro, primeiro o despertar do messias individual em cada um, e, assim, até atingir a elevação completa da massa crítica planetária, com o advento do despertar do messias coletivo, *o tikun ha olam*, elevando a humanidade a um padrão vibratório mais sutil.

Queda (álef) – reparação (dalet) – ascensão (mem), esse é o mistério da natureza, onde energia encontra-se em constante movimento de densificação e sutilização. Por isso que não há morte, porque somos energia, ora condensada, encarnado, e ora sutilizada, em espírito.

Moisés משה quem é esse que veio das águas?

O nome Moisés, *Moshe* em hebraico, é normalmente traduzido como aquele que foi "retirado das águas", porém, para alguns exegetas e linguistas, esse nome teria origem egípcia e era chamado *Mosis*, que significa "água", ou ainda para outros, "filho". Daí podemos brincar com a expressão popular de que filho de peixe peixinho é, e isso ainda tem um embasamento na Torá, onde o nome do sucessor de Moisés, Josué, é *Joshua bem Nun*, que significa Josué filho de Num, ou seja, Josué filho do peixe, onde a letra Num do alfabeto hebraico significa peixe.

De acordo com a gematria cabalística, o nome Moisés é formado pelas seguintes letras hebraicas: Mem מ = 40 (Água) + Shin ש = 300 (Dente/constância/mudança/retorno) + Hei ה = 5 (Gancho/Ação/Içamento). Dessa forma, tiramos o valor gemátrico 345 (40 + 300 + 5 = 345 = 4 + 3 + 5 = 12 = 3 Biná).

Assim, apresento a minha exegese cabalística sobre o nome Moisés:

Aquele que foi içado/retirado das águas e retornou ao caminho dos três Patriarcas (3 = Biná).

Na Cabala e em toda a mística judaica, a água representa frequentemente o céu (shamá) e a "origem". Está relacionada com a dimensão espiritual, daí a expressão de Gênesis quando Deus ordena a separação entre as águas de cima das debaixo, estabelecendo as duas realidades: material e espiritual. O episódio da sarça ardente representa o fogo interior despertando Moisés para a sua missão de superação de si mesmo, alinhando os três níveis da alma no nível pessoal: Nefesh, Ruach e Neshamá, daí a alegoria dos três Patriarcas.

Ninguém mais do que Moisés esteve tão relacionado com a água-espiritualidade. Ele vem do rio Nilo (1ª etapa de sua iniciação – vida), teve de atravessar o Mar de Juncos (2ª etapa de sua iniciação – morte) e, por último, a última prova, prover água ao povo sedento (3ª etapa de sua iniciação – ressurreição). Ele completou o ciclo e por isso dizem que foi assunto aos céus, ou seja, transcendeu a essa dimensão, ele recebera a missão de subir ao Monte Sinai (a Árvore da Vida com os 10 mandamentos correspondendo às 10 sefirot).

Ainda na gematria temos duas observações importantes sobre os números relacionados ao nome Moisés. Primeiro chegamos ao número 12, que corresponde a um caráter de perfeição, um ciclo completo, as 12 tribos de Israel, os 12 meses, as 12 permutações do Tetragramaton etc.

O arquétipo Moisés é semelhante ao personagem Hércules, aquele da mitologia grega que superou os 12 trabalhos, em outras palavras, transcendeu os 12, completou seu ciclo, essa a razão por que Moisés não entrou na terra prometida, pois ele já pertencia a outra dimensão. Por isso que ele se surpreendeu quando o povo pediu carne, não podia compreender essa necessidade, pois se encontrava além dos demais, assim como Jesus citando a Torá: *"Assim, ele os humilhou e os deixou passar fome. Mas depois os sustentou com o maná, que nem vocês nem os seus antepassados conheciam, para mostrar a vocês que nem só de pão viverá o homem, mas de toda palavra que procede da boca do Senhor"* (Deuteronômio 8.3; Mateus 4.4).

A segunda observação cabalística na guematria do nome Moisés é a redução ao número natural correspondente à Árvore da Vida, o número 3, que corresponde a sefira Biná – Compreensão/Entendimento. Dela procedem as 50 Portas da Inteligência – *shaare biná*. Moisés transpôs essas 50 portas, e assim, transcendendo, também podemos chamá-lo de "homem peixe", pois o número 50 representa a letra Num do alfabeto hebraico, e seu sentido figurado é exatamente o peixe ou semente.

Para encerrar essa pequena reflexão cabalística, também encontramos associações do peixe com Jesus Cristo. Os cristãos primitivos utilizavam um acrônimo para designar teologicamente o seu mestre – Ichthys ou Ichthus – ἰχθύς, que significava Jesus Cristo, Filho de Deus, Salvador.

Porém, essa afirmação de fé tem um sentido mais profundo semelhante ao de Moisés: ambos vivem na água, ou seja, na dimensão espiritual mais sutil, até porque ambos passaram pela iniciação das águas, Moisés passa pelas águas sobre a terra seca, enquanto Jesus passa por cima das águas, os dois juntos estabelecem o equilíbrio da Criação, a Lei (Guevurá) e a Graça (Chéssed) andam lado a lado, e no meio o Logos Divino (Tiféret).

Não troque a sua primogenitura por um prato de lentilhas (Bereshit-Gênesis 25.27-34)

Não é de agora que a humanidade se encontra perdida e sem rumo, vivendo e não aprendendo, ficando estagnada na infância espiritual. Através de gerações a grande maioria das pessoas só se preocuparam em resolver os seus problemas de forma a só repararem as perdas e danos e não em cessar as causas, as origens, ou seja, igual à medicina convencional, que só cura as consequências, ao invés de sanar as causas e as origens das dores e dos sofrimentos.

Isso também acontece com a espiritualidade, a grande maioria das pessoas só buscam práticas exotéricas (exteriores) para resolverem seus problemas, seja ele de saúde, financeiro, amoroso entre outros, por meio de receitas imediatas: preces, orações, uso de magias e sortilégios, consultas de oráculos, meditações guiadas, uso de talismãs e símbolos de proteção, escaneamento de letras etc., não que essas coisas não ajudem num determinado momento de fragilidade emocional, porém, isso é como a fome de Esaú, momentânea, a ponto de abrir mão de sua primogenitura (transcendência) por um simples prato de lentilhas.

Todas essas práticas não passam de pratos de lentilhas, paliativo, que, após você se saciar, a fome novamente retornará, e assim sucessivamente, pois nos encontramos no mundo de Malchut, o mundo da instabilidade, fruto da dualidade.

A interpretação cabalística dessa passagem fala exatamente de como a grande maioria da humanidade se comporta diante do sofrimento e do desespero, como Esaú, o arquétipo do caçador (homem carnal). Abrir mão da primogenitura em troca de um prato de lentilhas significa abrir mão daquilo que é intangível, imortal e contínuo (essência) em troca de uma solução momentânea e finita. *"Nem só de pão vive o homem."* A primogenitura só se adquire através do autoconhecimento e muito estudo sobre a vida, a natureza e o universo. Fora do autoconhecimento não há libertação do Ser que É. Libertação requer maturidade, crescimento vertical, e isso requer muito esforço, disciplina, amor e humildade. Poucos são os que realmente buscam esse caminho, chamado por Jesus de a porta estreita, a vereda menos percorrida, como disse sabiamente o monge cristão Thomas Merton, que a distância mais longa a ser percorrida é entre a mente e o coração.

Freud dizia que a humanidade não quer amadurecer porque requer responsabilidade. E é exatamente o que acontece frequentemente, onde a grande maioria das pessoas vive colocando a culpa em terceiros sobre tudo o que acontece em sua vida e fazendo-se de vítima. André Luiz, espírito amigo de Chico Xavier, dizia: *"não tarde em buscar a verdade antes que ela lhe pegue de surpresa."*

O meu propósito com a Cabala é despertar essa consciência na humanidade, de que estamos aqui apenas de passagem, e esse é o grande momento para evoluirmos no conhecimento esotérico (Interior). Na Cabala tradicional, a primazia é o conhecimento, e não as práticas, até porque aquele que tem conhecimento e discernimento pratica as boas obras, tanto que, entre os judeus, o analfabetismo não existia, mesmo se, evidentemente, alguns fossem eruditos e outros menos.

O Talmud interroga dizendo: *"Onde se pode encontrar um judeu analfabeto?"*, em resposta: "se *ele vive entre os gentios*". É claro que não é para levar isso ao pé da letra, pois até soa discriminatório, mas é para mostrar o valor do conhecimento entre aqueles que buscam o caminho da libertação.

Meditar para os judeus sempre esteve associado ao estudo das Escrituras – *"Antes tem o seu prazer na lei do Senhor, e na sua lei medita de dia e de noite"* (Salmo 1.2), e não como uma prática oriental de ficar com os olhos fechados tentando esvaziar a mente. Isso só aconteceu tardiamente na Idade Média, por intermédio de Abraão Abulafia com a sua "Cabala Meditativa", ora influenciada por grupos de tradição oriental e posteriormente vivenciada entre os Chassidin.

Baseado nos provérbios: *"Educa a criança no caminho em que deve andar; e até quando envelhecer não se desviará dele"* (Provérbios 22.6), assim deveria ser a humanidade, que desde a mais tenra infância deveria ser ensinado os valores do Ser e transmitido todo o conhecimento possível sobre a vida. Assim teríamos uma sociedade mais justa e evoluída espiritual e moralmente.

Sod סוד o caminho do segredo

Samech ס = 60 + Vav ו = 6 + Dalet ד = 4 = 60 + 6 + 4 = 70 = 7 = Nêtsach – Vitória

A Torá é formada por 304.805 letras e 79.976 palavras. A gematria cabalística, tanto dos números de letras quanto as de palavras, corresponde a 2 (letras 3 + 4 + 8 + 5 = 20 = 2; palavras 7 + 9 + 9 + 7 + 6 = 38 = 3 + 8 = 11 = 1 + 1 = 2). O número 2 na Árvore da Vida corresponde à sefira Chochmá – Sabedoria, ou seja, na Torá encontra-se toda a Sabedoria de Deus.

No parágrafo anterior, demostrei um exemplo típico de interpretação cabalística, ou seja, em nível de SOD – SEGREDO.

Os sábios de Israel classificaram a leitura das Sagradas Escrituras em quatro níveis de interpretação e sentido. A esses quatro níveis foi dado o nome PaRDeS – פרדס uma palavra de origem persa que significa pomar ou jardim, que aparece diversas vezes na Bíblia, e nela encontram-se encerradas as iniciais dos quatro níveis em forma de acróstico, que consiste em um método exegético de aprofundamento nas Escrituras:

P – Pshat – nível simples, literal e histórico.
Exemplo: O Mar de Juncos abriu literalmente e ponto final.
R – Remez – nível alegórico, insinuação, desconfiança.
Exemplo: O Mar abrir? Absurdo! Tem alguma coisa por trás dessa informação!
D – Drash – nível de aprofundamento, revolver, revirar, escarafunchar.
Exemplo: Vou averiguar, pesquisar com muita atenção essa passagem e analisar as letras e seus valores numéricos.

S – Sod – nível mais profundo de interpretação, segredo, místico. Nível em que opera a Cabala.

Exemplo: Ah! Sim! Achei o sentido oculto! O mar abrir significa a ação da espiritualidade, que é associada ao elemento água, promovendo o despertar da consciência para a libertação da escravidão da ignorância (Egito) rumo à terra prometida, a libertação do Ser.

Segundo o *Zohar – O Livro do Esplendor*, obra essencial para todo estudante da Cabala, diz o seguinte: *"Se você não aceita ou acredita na Tradição Mística (Cabala), chamada 'Alma da Torá', obviamente não compartilhou da Revelação (recebimento, sentido literal da palavra Cabala que provém do verbo lecabel) da Torá, no Monte Sinai. Em outras palavras, um estudo da Torá que não inclua seus segredos – Sod, é um corpo sem alma."*

É em SOD – SEGREDO, o quarto nível de interpretação da Torá que a Cabala opera, porém, sem descartar os outros três níveis, pois todos eles fazem parte da jornada evolutiva do estudante cabalista, e perceba que estamos falando de quatro níveis, ou seja, cabalisticamente analisando, 4 corresponde ao número de letras que constituem o Tetragramaton Sagrado – יהוה, o número da estabilidade.

A palavra SOD inicia com a letra S – Samech do alfabeto hebraico. Ela é inteiramente redonda, representando um círculo, uma forma geométrica que desempenha um papel fundamental no pensamento judaico, notadamente na Cabala.

O círculo não tem início e nem fim, expressando a condição infinita conforme descrita no Livro dos 24 Filósofos – Liber XXIV philosophorum: *"Deus é uma esfera infinita cujo centro encontra-se em toda parte e cuja circunferência não está em lugar nenhum."*

Na Cabala *Ayin Sof*, literalmente "sem fim" – infinito, é um dos nomes de Deus, porém, ainda há outros dois nomes segundo a Cabala, que também designam Deus. O primeiro é o *"grande círculo"*, que corresponde à transcendência infinita: Deus é denominado como *"Aquele que circunda os mundos"*, que se encontra além de tudo, e exterior ao universo. Mas o Deus transcendente é também aquele que deu "luz ao mundo", lhe conferiu o Ser. Ele é então denominado *"Aquele que preenche os mundos"* – a sua condição imanente, que se interessa por sua criação que ele tanto ama, sobretudo o ser humano, e se encontra presente por todos os lugares, tanto no interior quanto no exterior do círculo.

"Porque Deus amou o mundo de tal maneira que deu o seu Filho unigênito, para que todo aquele que nele crê não pereça, mas tenha a vida eterna" (João 3.16).

Interpretando essa passagem do Evangelho à luz da Cabala, ficaria assim: Porque *Ayin Sof* em sua Coroa – Kéter, amou o mundo (olam Chéssed) de tal maneira que deu o seu filho unigênito (Tiféret), para que todo aquele (que se encontra em Malchut) que nele crê (emuná) não pereça, mas tenha a vida eterna (o retorno à Unidade, libertando-se da Roda de Sansara, ou seja, da roda das encarnações e ilusões).

Para encerrar, a meta do cabalista não consiste em buscar prosperidade, livramento dos sofrimentos ou a resolução para os seus mais diversos problemas, isso só corresponde às consequências – *"O meu povo foi destruído, porque lhe faltou o conhecimento..."* (Oséias 4.6), que na grande maioria das vezes foram criados por si próprios, e sim, o entendimento das dimensões mais profundas do Ser e as leis que regem o universo pelo conhecimento dos segredos – SOD. Dessa maneira, você alcançará a plenitude e a libertação, que é muito mais do que qualquer outra coisa possível, consiste na libertação das causas.

Lamentavelmente muitos ainda buscam a Cabala apenas atrás de soluções para as consequências como crianças imaturas que, ao se depararem com as dificuldades, correm para o colo do pai. Os ensinamentos da Cabala são rudes e austeros para o ego, porém, justos (Guevurá) e misericordiosos (Chéssed) para a essência.

A tradição judaica é reconhecida pelo seu esmero e dedicação árdua aos estudos e em fazer o que é de melhor, por isso, vá e estude, o caminho é árduo, sim, mas a recompensa é certa. É preciso praticar os quatro níveis de intepretação, o PaRDeS, até atingir o SOD.

"O que não podes explicar a outra pessoa chama-se 'nistar', 'oculto' – como o gosto de um alimento, que é impossível descrever para quem nunca o provou. Não podes expressar com palavras exatamente o que é: é oculto. Coisa semelhante acontece com o amor e a reverência a Deus: é impossível explicar a outrem de que modo sentes o amor em teu coração. Ele é oculto. Mas chamar a sabedoria da Cabala de "oculta" é estranho. Como oculta? Quem quiser aprender logo terá o livro à sua disposição. Quem não entender é ignorante. Para essa pessoa o Talmude também é oculto! Assim sendo, os segredos que se ocultam no Zohar e nos textos do Ari baseiam-se inteiramente no apego a Deus – para os que honram esse apego" (Daniel Matt).

Comece seus estudos comprando um dicionário de hebraico e mergulhando nos estudos da Torá, os cinco livros atribuídos miticamente a Moisés (Gênesis, Êxodo, Levítico, Números e Deuteronômio), ler pelo menos umas três vezes com bastante calma e atenção, depois o Livro da Criação (Sêfer Ietsirá) em seguida, o estudo atento do Zohar (Sêfer ha Zohar) e depois, o Livro de Bahir (Sêfer ha Bahir – O Livro da Iluminação), e isso é apenas o início da jornada que pode durar várias encarnações.

O caos e o vazio segundo a Cabala תהו ובהו

Em bereshit 1.2 (Gênesis) encontramos a seguinte expressão: "A terra (aretz), porém, estava sem forma (tohu) e vazia (bohu); havia trevas (choshek) sobre a face (panyim) do abismo (tehom), e o Espírito (ruach) de Deus pairava (m'rachefet) por sobre as águas (mayim)."

Nesse versículo existem dois mistérios encerrados na expressão *tohu wa-bohu*, que significa sem forma e vazia. Trata-se aqui de duas condições primordiais: o caos e o vazio.

Quanto às traduções, *tohu* possui a mesma raiz da palavra "deserto", que é interpretada posteriormente como o caos original. Algumas traduções apresentam essa expressão como "sem forma" em contraste com a palavra "vazia". Assim, *tohu* é um adjetivo que indica uma qualidade relativa à terra original, onde essa se encontra desconectada de todo o resto.

A palavra *bohu* significa, de forma primária, vazio. Na Cabala, ela tem a conotação de "antes de zero", indicando que não só a terra original se encontra desconectada (tohu), mas também não há nada "dentro" dela, consistindo na vacuidade absoluta.

Quando aplicamos a guematria cabalística em cima das duas palavras tohu wa-bohu, ou seja, o caos e o vazio: tohu – Tav ת = 400 + Hei ה = 5 + Vav ו = 6 = 411 = 4 + 1 + 1 = 6, wa-bohu – Vav ו = 6 + Bet ב = 2 + Hei ה = 5 + Vav ו = 6 = 19 = 1 + 9 = 10 = 1, somando o resultado das duas expressões (tohu = 6 + wa-bohu = 1 = 7) encontramos o número 7, número sagrado que representa a presença do Divino – Nêtsach – Vitória, que nos revela o que está escrito no final do versículo: *"e o Espírito de Deus* (o número 7) *pairava por sobre as águas."*

Para nos aprofundarmos mais na expressão *tohu wa-bohu* dentro do contexto cabalístico, precisamos recorrer ao primeiro e mais essencial livro da Cabala, o Sêfer Ietsirá – O Livro da Criação. Tohu wa-bohu alude ao estado inicial da criação, tal como está escrito: "A terra era caos e vazio". O Sêfer Ietsirá declara depois que a substância foi formada (Bereshit 2.6) deste caos (tohu).

Tohu na Cabala denota "substância pura", que não contém informação, enquanto *bohu* é informação pura, não relacionada a qualquer substância, consiste em um estado intermediário entre realidade e existência. Ambos são indiferenciados e, portanto, incluídos em Chochmá – Sabedoria. Com *bohu* (informação), as letras do alfabeto hebraico puderam ser gravadas no *tohu* (substância).

A Torá declara que "a terra era caos e vazio". Os cabalistas observam que "terra – aretz" é uma palavra feminina, e ensinam que alude a Malchut – Reino, o arquétipo do feminino, Gaia – Mãe Terra, aquela que é fecundada, a terra fértil.

"O caos e o vazio", relacionados com Chochmá – Sabedoria, não vieram à existência até depois do surgimento de Malchut (mundo concreto, físico – dimensão de Assiá). Esta é a mesma ordem do Sêfer Ietsirá, que também põe Chochmá depois de Malchut. Dessa forma, na constrição-tzimtzum, o ponto central, que é Malchut, veio à existência antes das demais sefirot.

Trazendo esse conceito de "caos e vazio" para a nossa vida, podemos fazer algumas reflexões sobre como estamos vivendo. Será que estamos levando uma vida caótica e sem sentido, buscado apenas as coisas materiais (forma), efêmeras e passageiras? Estamos apenas existindo ao invés de vivermos? Tenho me dedicado suficientemente ao autoconhecimento e à expansão da minha consciência? Como tenho tratado ultimamente a minha vida espiritual? Quais são as áreas da minha vida que se encontram vazias e precisam ser preenchidas de propósito e sentido? Como posso dar forma, ou seja, trazer à realidade os meus projetos que não saem do papel, ou ainda, concluir aqueles que eu começo e não termino?

Para encerrar, como dizia o mestre G. I. Gurdjieff: *"A vida só é real quando Eu Sou"* nos convida a despertarmos a nossa consciência com o objetivo de trazer ordem e preenchimento à nossa vida. E a única maneira de realizarmos esse trabalho sobre si mesmos é por meio do autoconhecimento, a lembrança a partir de si – *"Uma vida sem ser examinada não merece ser vivida"* (pensamento socrático descrito por Platão).

O Fogo Criador אש

O domínio do fogo pelo homem há mais de 40 mil anos foi literalmente um marco de transição da consciência humana. Junto com o fogo, o homem adquire o controle sobre a terra e as águas, daí em diante, o homem deixa de ser nômade, coletor, caçador e passa a ser agricultor, e, com essa nova consciência, estabelece relações anímicas e antropomórficas com os elementos da natureza, de onde se dará início aos mitos e todas as formas de religiosidade.

O fogo faz parte do conjunto de arquétipos fundantes dentro de todas as cosmogonias. Segundo a mitologia grega, a humanidade deu seus primeiros passos rumo à divindade, quando Prometeu rouba o fogo sagrado do Olimpo, transmitindo aos homens o conhecimento para dominá-lo. Assim também encontramos paralelos na mitologia de Satã no Antigo Testamento, marcando o surgimento da consciência humana (Adão e Eva, condenados a viverem do suor do seu trabalho, morrendo e reencarnando sucessivamente), como um evento que trouxe consequências irreversíveis (Mito da Queda) ao lugar do homem no universo.

Tamanha severidade ilustra a gravidade da ação temerária de Prometeu, Satã entre outros personagens míticos que compartilharam com o homem os segredos da divindade. A Cabala trata esses conhecimentos com total responsabilidade e consciência, lembrando que o fogo representa luz, calor e vida, quando bem utilizado, quanto sofrimento, destruição e morte, quando descontrolado, ou seja, não é o fogo que destrói, e sim, o mau uso que se possa fazer dele.

A palavra fogo em hebraico é *esh*; a palavra homem é *ish*; a palavra mulher é *ishá*. vejamos as relações guemátricas dessas três palavras:

ESH = Fogo = Alef א = 1 + Shin ש = 300 = 301 = 3 + 1 = 4 = Chéssed – Misericórdia

ISH = Homem = Alef א = 1 + Yud י = 10 + Shin ש = 300 = 311 = 3 + 1 + 1 = 5 = Guevurá – Justiça

ISHÁ = Mulher = Alef א = 1 + Shin ש = 300 + Hei ה = 5 = 306 = 3 + 6 = 9 = Iessód – Fundamento

Exegese: *O Fundamento da criação (Iessód) consiste no equilíbrio entre a Justiça (Guevurá – contração) e a Misericórdia de Deus (Chéssed – expansão) = Tzimtzum.*

Segundo a Cabala, o fogo encontra-se presente tanto no homem quanto na mulher. No homem, a letra hebraica Yud caracteriza o elemento masculino ativo, o iniciador do fogo. Na mulher, a letra hebraica Hei simboliza a abertura e a proteção necessárias para que o fogo esteja contido e dominado, permanentemente aceso. É por essa razão que, entre os antigos xamãs, eram as mulheres que construíam as fogueiras e disponibilizavam a lenha necessária para a sua manutenção, enquanto aos homens cabia apenas atear fogo. Em suma, cabe ao feminino formatar, controlar e resguardar o fogo, enquanto aos homens, apenas dá origem.

Tanto no nome *ish* – homem, e *ishá* – mulher, encontramos a letra Shin, que significa a presença do Espírito Santo, o *Rúach ha-Kadosh*. A letra Shin ש vale 300 = 3, a manifestação trina do Absoluto, Ayin, Ayin Sof e Ayin Sof Or. O fogo é a centelha provocada pelo encontro dos opostos, o *fiat lux* da Criação. Esse é o grande segredo do quinto mandamento do decálogo na Torá: *"Honrar Pai e Mãe"*, ou seja, ser justo (Guevurá) e misericordioso (Chéssed), equilibrando as forças opostas. A letra Shin é também uma das três letras mães do alfabeto hebraico e representa o elemento fogo, a coluna esquerda da Árvore da Vida, a Coluna da Justiça. Em relação aos quatro mundos da Cabala, o elemento fogo corresponde ao mundo de Atsilut, o mundo das emanações, a tríade mais elevada: Kéter, Chochmá e Biná.

Na tradição cristã, o fogo segue o mesmo princípio arquetípico, a presença do Espírito Santo, o batismo de fogo, o fogo interior, a tomada de consciência da sua natureza divina. E, ainda, temos a intepretação dos alquimistas pelo acróstico INRI – Igne Natura Renovatur Integra, que significa: o fogo renova a natureza inteira, o fogo de Heráclito, onde tudo está sujeito a modificação e a impermanência, a Fênix que é renascida do fogo etc.

Que todos possam despertar o *Rúach ha-Kadosh* dentro de si, o fogo criador.

O Templo Sagrado – Local de encontro dos quatro níveis de consciência

"Ou não sabeis que o nosso corpo é o templo do Espírito Santo, que habita em vós, proveniente de Deus, e que não sois de vós mesmos?" (I Coríntios 6.19).

De acordo com a antiga Tradição de Melquisedeque, em todas as culturas religiosas e espirituais que se manifestam no mundo, há uma dimensão interior (esotérica) e uma exterior (exotérica) – a dimensão espiritual ou mística e as formas externas que adota. As dimensões internas – esotéricas das três principais religiões monoteístas do mundo são: no Cristianismo, são os Gnósticos, no Islamismo, os Sufis, e no Judaísmo, os Cabalistas. É por meio desses círculos internos que os neófitos aspirantes à libertação das ilusões do mundo buscam trilhar.

No esquema da Árvore da Vida, a Ordem de Melquisedeque corresponde às sefirot supernas: Kéter, Chochmá e Biná, ou seja, Realeza, Sabedoria e Entendimento. Tudo o que o ser humano pode desejar de mais elevado e sublime em sua vida – a libertação das ilusões do mundo. E para que isso aconteça, é preciso antes conhecer a sua estrutura templária interior, onde reside a sua porção eterna e divina.

Enquanto nas tradições exteriores a prática da religiosidade é a lei, através dos usos e costumes e do cumprimento das mitzvot ou dogmas, no círculo interno, o conhecimento é o caminho junto com o silêncio, pois o gnóstico é aquele que sabe, como disse Jung: "Não preciso "acreditar" em Deus; eu sei que Ele existe." Essa afirmativa corresponde à experiência do conhecimento direto. Ao contrário do religioso, que se encontra atrelado às crenças, precisa da aceitação do dogma para acreditar.

O Zohar nos ensina que tanto o Tabernáculo no deserto quanto o Templo Sagrado em Jerusalém foram construídos conforme o modelo do Templo Celestial, de modo que o de cima fosse refletido no debaixo, de acordo com o princípio hermético da correspondência: *"O que está em cima é como o que está embaixo, e o que está embaixo é como o que está em cima."* O Caibalion, como disse Jesus: *"Em verdade vos digo que tudo o que ligardes na terra terá sido ligado nos céus, e tudo o que desligardes na terra terá sido desligado nos céus"* (Mateus 18.18).

A estrutura do Templo era composta de átrio exterior, santuário interior e o santo dos santos, e ficava no centro de Jerusalém, a cidade celeste de Deus. O *Sanctum Sanctorum* representa o universo de Atzilut – Mundo das Emanações, o nível consciencial mais elevado que se pode atingir, local onde reside a Shekinah.

O santuário interior representa o universo de Briá – Mundo das Criações, e era o principal local de oração, meditação e adoração ministrado pelo sacerdócio. O átrio exterior representa o universo de Ietsirá – Mundo das Formações, local de purificação e sacrifício sagrado. A cidade de Jerusalém e a Terra Santa que rodeia o templo representam o universo de Assiá – Mundo das Ações, manifesto de acordo com as leis sagradas.

Assim, de acordo com a explicação acima, devemos trazer a realidade templária para dentro de nós, estabelecendo a realidade esotérica interior. O Santo dos Santos corresponde ao nosso nível de Neshamah, de mente expandida e despertamento da consciência, local de encontro com a centelha divina, corresponde à experiência direta com a divindade.

O santuário interior corresponde à nossa condição de meditadores contemplativos, reflexivos e silenciosos de forma a elevar os padrões mais sutis do nosso ser. O santuário exterior corresponde a tudo aquilo que devemos purificar e sacrificar para estabelecer o nosso Tikkun, lembrando que a expressão sacrifício aqui não é ligada a observâncias religiosas como cumprimento de promessas e penitências, vem da expressão latina sacro-ofício, ofício sagrado.

A cidade de Jerusalém corresponde a nossa vida social, inserida no mundo, sempre se lembrando de que estamos no mundo, mas não somos do mundo. É o local do bom testemunho, de exercer as qualidades mais nobres e elevadas de forma a se tornar um exemplo de justiça e misericórdia.

Concluindo, agora podemos entender melhor o que Jesus quis dizer quando falou que derrubaria o templo e o reconstruiria em três dias. Aqui se trata de um processo interior de autodesconstrução completa, eliminando tudo o que é tóxico e nocivo dentro de cada um, para que possa reconstruir os seus três níveis da alma: Nefesh-Instintos, Ruach-Sentimentos e Neshamah-Pensamentos de forma equilibrada. Por meio dessa ascese, vamos instaurar dentro de nós o Reino de Deus – *"Interrogado pelos fariseus sobre quando viria o reino de Deus, Jesus lhes respondeu: Não vem o reino de Deus com visível aparência. Nem dirão: Ei-lo aqui! Ou: Lá está! Porque o reino de Deus está dentro de vós"* (Lucas 17.20,21).

Avodah עבודה
cuidando do nosso jardim com maturidade

A palavra hebraica avodah possui algumas interpretações como: serviço, adoração a Deus e trabalho, porém, é sobre esse último que eu vou falar, sobre o trabalho dado a Adão antes da queda (afastamento do Ser que É). Adão recebera a missão de cuidar/zelar pelo Jardim do Éden, o Paraíso das Delícias.

Na visão cabalística, esse jardim consiste no jardim interior, como disse o filósofo iluminista Voltaire em sua obra *Cândido e o Otimismo*: "**é preciso cuidar do nosso jardim.**" O jardim é o local do plantio e da colheita, ou seja, onde colhemos aquilo que plantamos, é onde deve ser tomada a consciência das leis cósmicas, em especial, a lei de causa e efeito, onde toda ação corresponde a uma reação.

Nós somos a terra, o solo fértil – daí o significado do nome Adão, o terroso, aquele que é da terra. Sob a terra (nós) deve brotar vida, porém, somos livres para escolher se vamos frutificar ou viver no deserto existencial da alma.

Quando analisamos a guematria da palavra avodah: Ayin $ע$ = 70 + Bet $ב$ = 2 + Vav $ו$ = 6 + Dalet $ד$ = 4 + Hei $ה$ = 5 = 87 = 8 + 7 = 15 = 1 + 5 = 6 , encontramos o valor equivalente a sefira Tiféret – Beleza. A sefira central da Árvore da Vida, em outras palavras, a nossa centralidade do Ser, o equilíbrio perfeito entre a misericórdia (Chéssed) e a justiça (Guevurá). A semeadura é livre (misericórdia), mas a colheita é obrigatória (justiça).

É no centro de Tiféret/jardim que se encontram as Árvores da Vida e a do conhecimento do bem e do mal. Cabe a cada um de nós escolher se vamos frutificar ou tornar o solo desértico, sem forma e vazio como no início da Criação.

É dito a todo neófito cabalista em desenvolvimento que o mundo de nada serve sem a avodah, ou seja, sem o trabalho sobre si mesmo. A avodah consiste no meio pelo qual o estudante treina os fluxos e os comportamentos da mente e das emoções, incorporando os atributos da Árvore da Vida à sua vida cotidiana.

A base da avodah é a autocontenção (autossuficiência) e a virtude da modéstia. Isso requer um forte fluxo de Guevurá (justiça-contenção). Chegamos ao mundo com um pacote de inclinações, vontades, impulsos, necessidades, desejos, querências e anseios, e ainda crianças, buscamos, naturalmente, meios de nos expressarmos, que normalmente são autogratificações básicas. Essa é a razão por que, quando crianças, só queremos, e queremos o tempo todo. Essa tendência infantil é chamada pelos cabalistas de "mochim dekatnut", que significa "cérebro pequeno", e não são poucos os adultos que continuam a viver assim.

Até quando vamos viver como crianças mimadas, adultos infantilizados? Ocupados com fantasias e coisas supérfluas que só servem para afastar cada vez mais de sua essência e fortalecer o ego.

Por isso que C. G. Jung disse com muita propriedade: *"as pessoas farão de tudo, chegando aos limites do absurdo, para evitar enfrentar sua própria alma."* Antes de perder seu precioso tempo com essas bobagens, lembre-se do que diz Qoélet (Eclesiastes): *"O que foi isso é o que há de ser; e o que se fez, isso se fará; de modo que nada há de novo debaixo do sol"* (Eclesiastes 1.9). Nunca esqueça que você está aqui só de passagem, e nada vai levar, senão aquilo que pertence à essência.

O conselho para quem procura a prática da avodah consiste no treinamento e desenvolvimento mental por meio do autoconhecimento, do estudo da Torá e dos ensinamentos cabalísticos, e em nível emocional, à prática da doação (tsedacá). Assim, podemos instaurar a abnegação do ego. Resumindo, o fundamento do trabalho da avodah consiste no domínio de Guevurá.

Pei פ – O poder que provém da boca

Pei é a 17ª letra do alfabeto hebraico e corresponde a boca, e a sua versão final, Pei Final, ao silêncio. Observe que ele vem após a letra Ayin, a 16ª letra, que significa olho. Dessa forma podemos entender que dos olhos passamos à boca – *"A tua Palavra é lâmpada que ilumina os meus passos e luz que clareia o meu caminho"* (Salmos 119.105). O olho representa uma possiblidade de acesso ao que é transcendente, daí a metáfora de olhar pelo buraco da fechadura, ou seja, observar aquilo que está escondido, ao passo que com a boca passamos a um registro completamente diferente, a comunicação.

Sendo a 17ª letra do alfabeto hebraico, Pei corresponde à sefira número 8 da Árvore da Vida, Hod, a Glória (1 + 7 = 8), ou seja, o verbo criador é a sua glória – *"Os céus por sua palavra se fizeram, e, pelo sopro de sua boca (Rúach HaQodesh), o exército deles"* (Salmos 33.6), sua gematria também é 80 e, segundo a Ética dos Pais, *"quando alguém atinge 80 anos de idade, alcança uma força especial"* (Pirke Avot 5.22).

Segundo a Torá, o universo principiou pela palavra, Deus disse: *"E seja luz"* (Gênesis 1.3), consistindo no poder criador do verbo. No Evangelho de João encontramos no primeiro capítulo e no primeiro versículo a expressão: *"No princípio era o Verbo, e o Verbo estava com Deus, e o Verbo era Deus"* (João 1.1). Ainda na Torá, o maior elogio dirigido a Moisés é o de que Deus lhe falou "boca a boca" (Números 10.18), uma palavra transcendente.

Em oposição à boca que edifica em Moisés, temos a boca perversa tipificada de faraó, *faro*, assim: *pei e ra* – a má língua (boca). Enquanto a "boa boca" de Moisés, a de faraó é a "má boca." – *"A boca do justo (Tzadik) é fonte de vida, mas a boca dos ímpios abriga a violência"* (Provérbios 10.11).

Ainda na Torá, Deus responde a Moisés quando esse reclama de possuir língua pesada, dizendo: *"Anochi eheye im picha"* – *"Eu serei tua boca"*. A palavra *anochi* tem a gematria de 81: Alef א = 1 + Num נ = 50 + Caf כ = 20 + Yud י = 10. Se a pessoa é humilde e confia em Deus para ser seu porta-voz, seu poder da fala transcenderá seus limites naturais e será uma verdadeira fonte de força para os outros.

No alfabeto hebraico sempre há uma relação estreita entre duas letras que se seguem, aqui, no caso, o olho, Ayin, e a boca, Pei. Na Cabala, o Ayin representa a letra superior das sefirot e o Pei, a parte inferior. Pois o processo que vai do olho à boca acontece da seguinte forma: primeiro o olho registra e associa; depois, a boca – a palavra – expressa e atualiza o que foi observado pelo olho.

A ordem natural das coisas é que se vê primeiro para depois falar. Porém, um grande erro cometido por muitas pessoas é falar antes de ter visto, daí surgem todas as formas de preconceitos, calúnias e difamações, o que é lamentável. Por isso diz-se da língua como instrumento que faz funcionar a palavra, que *"... a vida e a morte estão em poder da língua"* (Talmude e Provérbios 18.20).

Segundo a Cabala o Criador utilizou-se de três verbos para a realização de suas obras: pensar, falar e criar, tudo simultaneamente. Toda palavra dá consistência ao que ainda não está formulado. Por todo o pensamento judaico, seja ele hassídico, filosófico ou cabalístico – existem dois estágios chamados: *machshavá*, que corresponde ao pensamento, e *dibur*, a palavra que possui a mesma raiz da palavra *davar*, daí o segredo cabalístico de David, que possui a mesma raiz, palavra – *"Escondi a tua palavra (davar) no meu coração, para não pecar contra ti"* (Salmo 119.11).

Enquanto o pensamento não é expresso, ele não é concreto; é quando a boca transmite esta mensagem "escondida" em uma mensagem visível que compreendemos aquilo sobre o qual pensamos. Daí a importância da palavra tanto para a comunicação quanto para as *mitzvot* – mandamentos.

Outra curiosidade cabalística é a relação existente entre a anatomia da boca com as 10 sefirot da Árvore da Vida: Palato – Chochmá; Garganta – Biná; ponto de contato entre a língua e a garganta – Da'at; mandíbula superior e dentes – Chéssed; mandíbula inferior e dentes – Guevurá; comprimento da língua – Tiféret; lábio superior – Nêtsarch; lábio inferior – Hod; ponta da língua – Iessód e cavidade da boca – Malchut. Ainda, possuímos 32 dentes quando adultos, o que está associado aos 32 Caminhos da Sabedoria na Cabala: 10 sefirot + 22 letras hebraicas, logo, o poder de criar, manter e transformar encontra-se na boca, a casa do verbo.

O que diferencia o homem dos outros seres vivos não é a inteligência, mas a palavra. Somente o homem dispõe de palavras que criam os símbolos da realidade. Poderíamos dizer da seguinte forma: quando o homem começa a falar, aí então ele se torna homem. No início da Criação, o homem é chamado de *ruachchaiá* – "espírito vivo", possuidor do Rúach – *"Deus formou o homem do barro e o homem tornou-se espírito vivo"* (Gênesis 2.7). O Targum, a versão aramaica da Bíblia, traduz este "espírito vivo" por "espírito falante".

Para concluir, é a boca que faz o homem. Há outro aspecto do qual se fala constantemente em todas as literaturas. A saber, que em geral falamos aquilo que pensamos. Para muitos, isso é literalmente verdadeiro, no entanto, há pessoas que descobrem realmente outra coisa: a saber, que há na palavra algo que não existe no pensamento. Acontece com certa frequência, que pessoas comecem a falar e se escutem dizer coisas sobre as quais elas não haviam se dado conta. Em todo caso, não conscientemente.

A palavra tem seu próprio poder, e na Cabala utiliza-se uma alegoria muito particular para designar o engendrar do pensamento pela palavra. O Zohar chama isso de *"O pai fundou a filha."* Em outras palavras, o pensamento é o pai e a palavra, a filha. Consiste numa forma imagética de descrever as relações entre a segunda emanação da Árvore da Vida, Hochmá – Sabedoria, com a 10ª emanação, Malchut – Realeza.

Deixo aqui uma mensagem a todos os buscadores incessantes de si mesmos através do autoconhecimento, no zelo com a palavra de acordo com o apóstolo Tiago: *"Meus amados irmãos, tenham isto em mente: Sejam todos prontos para ouvir, tardios para falar e tardios para irar-se"* (Tiago 1.19).

Por que buscar fora aquilo que se encontra dentro?

Segue aqui uma parte da porção do Zohar intitulada "Revelações sobre o homem" que faz parte do *Idra Rabba*, 'Revelações feitas à Grande Assembleia". Essa porção é essencial para o trabalho do cabalista por meio do autoconhecimento, pois, quando buscamos fora o que está dentro, nos afastamos cada vez mais de quem realmente somos, da nossa essência.

"Não creiais que o homem não seja mais que carne! O que realmente faz o homem é sua alma. E assim como Deus forma o ponto oculto, do qual todas as hostes celestes e todas as regiões superiores formam o envoltório, assim também é o homem representado por sua alma mais interna, da qual todas as partes do corpo formam o envoltório.

Aqui compreendemos que o homem é composto de forma e essência, sendo a sua alma, no nível de Neshamah, a forma mais elevada, e no nível mais elementar, Nefesh, que corresponde aos seus instintos e pulsões. Toda a criação possui o seu duplo oposto complementar.

A carne, a pele, os ossos e o resto são apenas uma vestimenta, um véu, não são o homem. E, quando o homem deixa o mundo, ele se desprende de todos os véus que o cobrem. Apesar disso, não devemos desprezar nossos corpos, pois as diversas partes do corpo se conformam aos segredos da Sabedoria Divina.

A parte material, ou invólucro, corresponde à realidade perecível que habita na dimensão sensível, não correspondendo ao homem, e, sim, às dimensões sensoriais limitadas. Quando o homem abandona o seu invólucro carnal, também acontece o desligamento progressivo dos seus corpos mais sutis. Porém, como cabalistas, devemos saber que em nossos corpos se encontram os mistérios divinos. Perceba que possuímos 248 membros e 365 tem tendões, que juntos formam as 613 Mitzvot.

A pele lembra o lado mau do universo, isto é, o elemento que é apenas externo e sensível. Os ossos e as veias são como a carruagem celeste: as forças que existem internamente e que consideramos os servos de Deus. Entretanto, tudo isso ainda é uma veste, pois é só em seu ser interior que encontraremos o mistério do Homem Celeste.

A pele comparada ao lado "mau" do universo corresponde às klipots (cascas-forma), que ofuscam a essência, a parte imortal do ser, aquele que É. Os ossos e as veias constituem a liga entre os componentes e as partes materiais que constituem o corpo humano. Ainda assim, isso corresponde apenas ao externo, ao material e perecível, mas tem sua importância para realizarmos as boas obras para a redenção.

Assim como é o Homem Terrestre, assim é o Homem Celeste interiormente. Pois tudo o que acontece aqui embaixo é apenas a imagem de tudo o que acontece em cima. É nesse sentido que compreendemos que Deus criou o homem à Sua própria imagem. Mas, assim como no firmamento vemos diferentes figuras formadas pelas estrelas e os planetas, contando-nos coisas ocultas e mistérios profundos, também sobre a pele que envolve nossos corpos existem linhas e formas que podem ser vistas como as estrelas e planetas do corpo. E todas elas têm um significado oculto."

Essa última parte fala da Lei de Correspondência: "*O que está em cima é como o que está embaixo, e o que está embaixo é como o que está em cima.*" O Caibalion. Ou ainda como Jesus disse a Pedro, o que ligares na Terra será ligado nos céus, e o que desligares na Terra será desligado nos céus. Compreendendo a Lei da Correspondência, entendemos que, quando Deus criou o homem à Sua própria imagem, significa que esse possui as duas dimensões (forma e essência).

Cada ser corresponde a um universo microcósmico em si, diferentes em forma, porém, idênticos em essência, ou seja, todas as coisas ocultas e mistérios da vida e do universo encontram-se dentro de cada um. É a maravilha da criação, o Uno que se torna múltiplo, a unidade na diversidade.

Rafael רפאל o arquétipo da cura e da restauração

O Arcanjo Rafael consiste na emanação arquetípica associada à sexta sefira da Árvore da Vida Tiferet, que se encontra no plano de Briá (Mundo das Criações).

O nome Rafael personifica a senda do conhecimento no caminho e, assim, podemos compreender que as faculdades de cura da Cabala encontram-se fundamentadas no conhecimento (gnose). Inversamente, entendemos que as enfermidades e todos os tipos de males são produtos da ignorância em relação às leis cósmicas que, ao serem dissipadas, se transformam naturalmente em cura, como na metáfora da escuridão com Saulo de Tarso – *"Imediatamente, lhe caíram dos olhos como umas escamas, e tornou a ver..."* (Atos dos Apóstolos 9.18).

Cura, dentro do contexto cabalístico, sugere "tornar íntegro", "reunir o que está fragmentado" ou "restaurar o equilíbrio e a harmonia", mais especificamente uma "restauração da unidade do ser" – *"Eu e o Pai somos Um"* (João 10.30).

As práticas de cura exercidas no mundo material se dirigem à cura física, assim como à preservação da vida orgânica no corpo (as consequências). Porém, é na aura, no corpo sutil e na alma que se encontra a origem de todos os males e enfermidades (as causas): portanto, a cura real deve ser de natureza psíquica e espiritual.

Podemos observar essa realidade nos Evangelhos, onde todas as curas são de natureza psíquica-espiritual. Por diversas vezes Yeshua situa a causa dos males e sofrimentos na mente, no coração e na alma, quando diz aos que são curados *"vai e não peques* mais", em outras palavras – *"não abrigues negatividade nem cries carmas negativos"*, e ainda: *"tua fé te curou"*.

Todas essas narrativas revelam diretamente a natureza psíquica e espiritual das curas que Yeshua realizava. Sua forma de curar consistia em restaurar a consciência fragmentada do enfermo, refletindo assim o tikkun da alma – corrigir, reparar ou curar as feridas provocadas pelo carma negativo.

O corpo sutil é basicamente um corpo de consciência, mais específico, um corpo de energia, e a aura consiste no campo magnético que circunda a matriz do corpo físico e sutil, que se encontram unidos como um só corpo encarnado.

Como corpo de consciência, esse corpo sutil é composto pelos nossos pensamentos, sentimentos, palavras e atos. Como corpo de energia, é formado por linhas de forças espirituais com que nos unimos pelos nossos pensamentos, sentimentos, palavras e atos. Dessa forma, a cura acontece por intermédio de uma mudança significativa na consciência, assim como nas forças espirituais com as quais estamos ligados nessa mesma. Assim, os pensamentos, os sentimentos, as palavras e os atos de caráter positivo são o meio pelo qual ocorre toda a cura verdadeira – o tikkun no coração, na alma, mente e na vida em geral.

Compreender o que é realmente a cura espiritual nos permite adentrar no conhecimento do arquétipo Rafael, que, como já vimos, é atribuído a Tiféret, e também o grande logos solar, o sol espiritual. Rafael aparece como uma forma antropomórfica composta de luz pura solar. Por isso, aqueles iniciados que se identificam com esse arquétipo estabelecem a prática diária de saudar o Sol nascente ao amanhecer, rememorando a grande ressurreição (Cristo Cósmico).

Para encerrar, Rafael é aquele que ensina o caminho do conhecimento e das faculdades curativas – e oferece entendimento da verdadeira luz. Assim, o entendimento desse arquétipo nos proporciona paz, esclarecimento e harmonia. Ele é o portador do conhecimento secreto concernente à grande ascensão. Ainda, segundo os Rosacruzes, Rafael é o arcanjo da segunda vinda do Messias, possuindo um vínculo secreto com a Noiva Santa e a Nova Jerusalém, sendo visto como a presença angelical que se encontra por trás do sol que ilumina o nosso sistema solar.

Invocar Rafael é um convite ao autoconhecimento com o intuito de reunir tudo aquilo que se encontra fragmentado dentro de cada um de nós, procurando estabelecer um centro a tudo aquilo que está disperso, superando o distanciamento entre o humano e o divino, entre o Ser e o mundo que o cerca, proporcionando assim a restauração da Nova Jerusalém, a Cidade Celestial, o Reino que se encontra dentro de cada um de nós. Isso se chama cura.

Raziel רזיאל a sabedoria que procede do inconsciente

Segundo a tradição mística hebraica, Raziel, também chamado de Galizur, que significa "segredo ou mistérios de Deus", fora um arcanjo designado por Deus para manter hermeticamente preservados os seus segredos mais profundos, e ainda segundo a lenda esse teria registrado todos esses segredos em um livro chamado Livro de Raziel – Sêfer Raziel, o qual teria chegado às mãos de Adão por intermédio do arcanjo.

Dentro do esquema das sefirot na Árvore da Vida, o arquétipo de Raziel encontra-se associado à sefira número dois (dualidade-discernimento-conhecimento do bem e do mal), Chochmá, que se encontra na tríade superna na dimensão de Atzilut (Mundo das Emanações), sob a classe dos Ofanim, que corresponde à Sabedoria de Deus.

São raros os que conseguem acessar a dimensão de Atzilut para obter os conhecimentos arcanos ou adquirir a dimensão da percepção profética que corresponde à percepção da consciência superna ou também chamada de consciência messiânica.

Para os cabalistas, é por intermédio das vibrações Raziel que se pode entrar em contato com a dimensão de Chochmá, sendo esse a personificação de Chochmá na dimensão de Briá – Mundo da Criação, que podemos chamar também de acesso à realidade dos 99%, ou seja, adentrar no campo da totalidade, em outras palavras, acessar a dimensão do inconsciente, como disse Jung: *"a questão não é atingir a perfeição, mas, sim, a totalidade."*

Assim, o Livro de Ratziel não é um livro físico, é apenas uma metáfora da dimensão da totalidade, que deve ser lido e contextualizado num estado superior de consciência, que por diversas vezes pode se manifestar pelos sonhos ou estados visionários durante períodos de meditação profunda. Nada a ver com magias, ocultismos e sortilégios, apenas a elevação da consciência a níveis mais sutis de percepção da natureza.

Pela guematria do nome Raziel: Resh ר = 200 + Zain ז = 7 + Yud י = 10 + Alef א = 1 + Lamed ל = 30 = 248 = 2 + 4 + 8 = 14 = 1 + 4 = 5, encontramos o número 5, que corresponde à quintessência, à dimensão espiritual e alquímica do Ser. Também podemos associar o 5 à sefira Guevurá – Justiça, correspondendo ao conhecimento das leis do universo, estabelecendo o equilíbrio harmônico da balança cósmica. Ainda na primeira resultante da guematria, encontramos o número 14, que corresponde a 7 + 7 = 14, ou seja, o equilíbrio do número sagrado 7 de acordo com as leis cósmicas, assim como é em cima, também é embaixo, sete candelabros espirituais e sete candelabros materiais. Veja que tudo se encaixa por meio da percepção expandida da Cabala.

Uma exegese do nome Raziel: "*O Mestre Interior (Alef-inconsciente) que nos transmite (Lamed) continuamente (Yud-continuidade) os segredos guardados nas mãos de Deus (Yud-Mãos de Deus) que possibilita o discernimento (Zain-espada) dos pensamentos (Resh-cabeça)."*

Concluindo este breve texto, o Livro de Raziel é, na verdade, uma metáfora para a "mente" do anjo superno (dimensão do inconsciente em Chochmá), e o conteúdo do livro sagrado, o conhecimento e entendimento transmitido pelo contato com a manifestação da Shekinah. Por essa razão que os cabalistas costumam falar de coisas celestiais ou espirituais em termos antropomórficos, e é preciso ter isso em mente para que possamos obter uma verdadeira compreensão do que esses conhecimentos nos revelam.

Para encerrar, entrar em contato com Raziel não consiste em rituais ocultistas com pantáculos e nem escaneamento de letras hebraicas, isso fazia parte do imaginário extático/delirante

Raziel רזיאל a sabedoria que procede do inconsciente | 161

da Idade Média, apenas praticar a técnica e o roteiro dos sábios de todos os tempos, seja de Israel ou de qualquer outra tradição ancestral: leitura, acolhimento, reflexão e silêncio, todo esse processo em estado de introspecção e atenção plena, como disse o salmista: *"Antes, o seu prazer está na lei do Senhor, e na sua lei medita de dia e de noite"* (Salmos 1.2), ou o mestre cabalístico Rav. Z'ev ben Shimon Halevi: *"As fantasias são muito mais gratificantes que a realidade. Mas é com a realidade que devemos trabalhar, ou seja, na Cabala de terra, na matéria. Devem lidar com a vida como ela realmente é, e manter a sua própria."*

O Livro de Raziel está dentro de você, em seu acervo genético espiritual. Acesse-o!

Anavá עֲנָוָה desprendimento e humildade

Já não é de agora que os grandes mestres da humanidade nos ensinaram que o apego, o desejo mal orientado e egoísta são as causas de todo o sofrimento humano, e que somente pelo desprendimento é possível nos libertarmos.

Nos ensinamentos cabalísticos, humildade – anavá, que provém do verbo anawin, "aquele que se curva" – também significa desprendimento, mas não no sentido de submissão, e sim, em ser flexível, ou como diz o Talmude, que rico é aquele que se conforma com o que tem, ou os sábios do Zen Budismo, que dizem que devemos ser como o bambu, que se curva todo, porém, não se quebra. *"Tomai sobre vós o meu jugo, e aprendei de mim, que sou manso e humilde de coração; e encontrareis descanso para as vossas almas"* (Mateus 11.29).

A guematria da palavra anavá: Ayin ע = 70 + Num נ = 50 + Vav ו = 6 + Hei ה = 5 = 131 = 1 + 3 + 1 = 5 Guevurá – Justiça; significa que aquele que busca desprender-se é um justo – Tzadik. Aquele que não vive mais segundo os seus apegos e desejos pratica a justiça com misericórdia.

Humilde e desprendido é aquele que vê (ayin-olhos) com clareza (vav-luz/clareza) a manifestação do Espírito (hei/sopro vital) em toda a criação (num/semente/fruto).

O conceito de desprendimento está associado diretamente ao abrir mão das amarras da identidade, das máscaras, que incluem nossas ideias e crenças sobre quem somos, assim como de nossas preferências, desejos e ainda as expectativas e aspirações.

As práticas descritas na vasta literatura cabalística para atingir este estado de consciência do desprendimento são o *bitul ha-yesh* (anulação do "que existe") e o *meserit nefesh* (entrega da alma vital) – "... *Pai, nas tuas mãos entrego o meu espírito*" (Lucas 23.46). Segundo a Cabala, o homem desprendido é aquele que adquiriu, sem dúvida alguma, liberdade em relação àquilo que é efêmero, sendo livre até mesmo em relação a esse próprio conceito de liberdade, na medida em que ela represente uma possibilidade de aquisição ou identificação; portanto, ele está desprendido do seu próprio desprendimento, tratando-se de uma negação total onde ela mesma se inclui em seu próprio processo.

Essa prática do desprendimento não consiste em uma receita de bolo para a realização do vazio em si mesmo, e, sim, mais essencialmente, um movimento de "irrupção" e de "retorno" pelo qual o ser vem ao encontro de si mesmo, tal como era desde sempre em Deus (Lembrar do Mito do Eterno Retorno – Mircea Eliade), antes que as criaturas existissem. Um "repousar em si", um "ser uno consigo mesmo" – um ser-si.

Podemos observar que os desprendidos e humildes na Bíblia, considerados os menores e os últimos de uma geração (José, Samuel, David, etc.) sempre foram aqueles que se superaram em um ato de sabedoria reconhecendo que a força necessária para a transformação autêntica se encontra em Deus, Naquele que é, foi e será. Veja com Moisés, descrito na Torá como o mais humilde de todos, porém, com a língua pesada, ou seja, era humilde, mas combativo com o seu povo (a pluralidade de "eus" que habitava nele).

Para concluir esta breve reflexão, fica a dica do mestre cabalista Jesus: "*Eis que vos envio como ovelhas ao meio dos lobos; portanto, sede prudentes como as serpentes e inofensivos como as pombas*" (Mateus 10.16). A temperança, a longanimidade e o bom senso são características marcantes dos desprendidos.

ARI עֲרִי certeza absoluta

"... para que tenha plena certeza das verdades em que foste instruído" (Lucas 1.4).

É um hábito muito comum entre nós, falarmos acerca da certeza, temos certeza disso, daquilo etc. Mas se pararmos para pensar, em que consiste a certeza de ou em alguma coisa? A palavra certeza vem do latim *certanus*, de *certus*, que significa algo seguro, garantido, determinado, uma variante de *cernere*, que tem como sentido distinguir, decidir, peneirar, e ainda, na filosofia de René Descartes, certeza consiste no critério para a verdade.

A partir desse último, a certeza como critério para a verdade, surge outra problemática filosófica: em que consiste a verdade? Segundo os cabalistas, a verdade não corresponde a um alvo ou meta a ser atingido, e sim em todo o processo fenomenológico e metafísico dentro da Criação. Em outras palavras, a verdade É, e ponto final, como respondeu o Eterno a Moisés, "EU SOU QUEM SOU".

A partir desse raciocínio, se a verdade corresponde a todo o processo, como podemos dizer que temos certeza de algo a partir da nossa limitada lógica temporal racional humana? Deus é o Criador (atemporal), e nós, as criaturas (temporais) que estão contidas na totalidade. Com isso, quando falamos que temos certeza de/em algo, não é certeza, e sim, alguma possibilidade ou ideia, pois, como diz a Cabala, não enxergamos a figura completa. E outra coisa, a partir de quem, podemos ter certeza de alguma coisa se somos condicionados pelo ego e por uma pluralidade de "eus"?

Quando nos abrimos ao Criador, apendendo a receber a luz divina por meio das intuições e dos *insights* que falam ao nosso coração, então, poderemos experimentar a certeza absoluta por meio da experiência direta, sem qualquer tipo de interferência racional ou cognitiva, pois a verdade não é uma questão a ser resolvida, e sim, um mistério a ser vivido.

A certeza absoluta não tem nada a ver com a fé, pois a fé é racional e baseada na esperança e na crença, enquanto a certeza acontece por si própria fora da dimensão da espera e da crença, consiste em experiência pura e direta, como disse Jung: *"eu não preciso acreditar em Deus, Ele existe"*. A fé pode ser cega, mas a certeza absoluta, jamais.

O maior segredo que a Cabala nos ensina é que a totalidade se encontra dentro de todos nós, logo, quando aprendermos a acessar essa dimensão vivenciando essa experiência de abertura e transcendência dentro de nós, vamos desfrutar da certeza absoluta.

Na Cabala, em especial dentro da tabela dos 72 Sopros de Deus, encontramos no 46º Sopro, a expressão ARI - עריי - que tem como atributo a certeza absoluta, e observe qual o resultado de sua guematria: Ayin ע =70 + Resh ר =200 + Yud י =10 = 280 = 2 + 8 = 10 = Malchut, uma totalidade, e ainda, ARI como 46º Sopro, é 4 + 6 = 10 novamente. 10 é 1, o princípio e o fim. Criador e criatura em total comunhão de imanência e transcendência. De agora em diante, ao olhar para a trigrama da certeza absoluta – ARI, você saberá exatamente o que ela representa. Sair do nível da crença e da fé para o nível da experiência direta com a fonte primordial.

Shalshelet ha-kabbalah שלשלת החקבל
a corrente da tradição

Assim também é chamada a Cabala, "corrente da Tradição", transmitida oralmente ao longo das gerações àqueles que se encontram preparados para a jornada vertical. Esses indivíduos são chamados de mekubal, aqueles que buscam conhecer a sua essência.

A guematria da expressão hebraica Shalshelet ha-kabbalah: Shin ש = 300 + Lamed ל = 30 + Shin ש = 300 + Lamed ל = 30 + Tav ת = 400 = 1060 = 1 + 7 = 8 Hod; Hei ה = 5 + Kuf ק = 100 + Bet ב = 2 + Lamed ל = 30 + Hei ה = 5 = 142 = 1 + 4 + 2 = 7 Nêtsasch. Somando os valores das duas palavras encontramos 8 + 7 = 15 = 1 + 5 = 6 Tiféret-Beleza/Equilíbrio. Isso significa que a corrente da Tradição é composta por indivíduos equilibrados e profundamente empenhados em conhecer as leis cósmicas, constitutivas do universo, daí o número 6, o número do homem.

Essa corrente da Tradição é composta de acordo com o versículo: *"Porque muitos são chamados, mas poucos escolhidos"* (Mateus 22.14). Assim acontece com os verdadeiros cabalistas. São geralmente indivíduos anônimos que prezam pela descrição, pelo silêncio, pela simplicidade e, na maioria das vezes, vivem num estado de escassez material e financeira (simbolizado pelo nível espiritual já atingido ao longo das encarnações), diferentes daqueles que professam uma cabala popular apregoando prosperidade e bem-estar.

Segundo a Tradição Talmúdica, em todas as gerações encontram-se entre nós 36 tzadik-justos, que consistem justamente de agentes de equilíbrio e justiça, indivíduos que dispensam grande quantidade de luz em meio à escuridão mundana, com o efeito de reagrupar as centelhas dispersas.

A corrente da Tradição é responsável pela elevação da massa vibratória planetária. Os mekubalim empenham-se em despertar o messias individual, e, juntos, despertar o messias coletivo universal, que não é um homem e nem um ser antropomorfo, e sim, uma nova consciência.

A corrente da Tradição ao longo das eras nem sempre foi composta apenas por judeus, mas também por cristãos (gnósticos e místicos), islâmicos (sufis) e até agnósticos. É um movimento de circulação de energias, catalizador de klipots e despertador de consciências, respeitando o tempo e o grau de evolução de cada um.

O estudo da Cabala compreende uma gama de questionamentos sobre a criação do universo, as leis que governam os mundos, a natureza do ser humano, sua alma, a razão pela qual se encontra neste mundo, o impacto que suas ações têm e assim em diante.

Àqueles que aspiram caminhar na senda da Cabala, fazendo parte da corrente da Tradição, é necessário vivenciar o autoconhecimento, a compaixão e o desejo ardente de compartilhar aquilo que for recebido. Para penetrar profundamente em seus ensinamentos, o mekubal (Cabalista), além de viver uma vida dedicada ao estudo, à meditação e à contemplação, é necessário despertar os dons espirituais, a faculdade profética, os dons de discernimento e intuição em prol da evolução da humanidade.

Sha'ar o portal do entendimento שער

"O que adquire entendimento ama a sua alma; o que conserva a inteligência acha o bem" (Provérbios 19.8).

Dentro das virtudes judaicas, o estudo corresponde a uma das mais importantes. Alguns até consideram a prática do estudo como a primeira Mitzvah (preceito ou mandamento), e observe que muitas comunidades judaicas são organizadas em Ieshivá (escola ou academia talmúdica) como instituição comunitária central.

A palavra Sha'ar em hebraico significa portal, e para os cabalistas o primeiro portal a ser atravessado é o portal do conhecimento, sem atravessá-lo é impossível se tornar um cabalista, e a falta dele é a causa de toda ignorância e sofrimento no mundo – *"O meu povo está sendo destruído, porque lhe falta conhecimento..."* (Oseias 4.6).

O conhecimento nos conduz ao entendimento, à compreensão mais profunda das Leis Cósmicas, fruto de muito estudo e dedicação em cima da Torá e dos escritos cabalísticos. E isso se torna nítido quando fazemos a guematria da palavra Sha'ar: Shin ש = 300 + Ayin ע = 70 + Resh ר = 200 = 570 = 5 + 7 = 12 = 1 + 2 = 3 Biná – Entendimento, a terceira sefira da Árvore da Vida, da qual toda a realidade criada vem à existência.

A palavra Sha'ar pode ser entendida como um tempo (Shin ש – duração/retorno) dedicado aos estudos (Resh ר – Cabeça e Ayin ע – olhos/salvação), ou seja, aquele que estuda precisa ter os olhos e a mente abertos, somente assim é possível cruzar os portais da transcendência. Esse é o sentido da palavra grega *gnose* – conhecimento, mas não de um conhecimento comum, empírico racional, mas, sim, o conhecimento elevado capaz de transcender o indivíduo libertando-o da roda das ilusões (encarnações).

Para a Cabala, o estudo é mais do que uma atividade cognitiva, consiste na passagem pelo portal da transformação, aquele que uma vez conhece e adquire entendimento, jamais retorna às trevas da ignorância.

Aquele que se diz cabalista apenas em função de práticas, rituais, conexões ou observâncias religiosas não passa de um judeu zeloso, nunca foi e nem sabe o que é ser verdadeiramente um cabalista. Um cabalista é um estudante nato, acima de tudo um estudante de si mesmo, consciente da realidade que o cerca, um mestre na anamnese do Ser. É alguém que questiona tudo antes de experimentar, duvida, desconfia e busca entendimento.

Para cruzar o Sha'ar – portal, é preciso ir além da inteligência cognitiva, da razão pura, é necessário perceber, absorver e reter através da mente e do coração, assim, é produzido o verdadeiro entendimento, como disse o apóstolo cabalista Paulo de Tarso: *"Examinai tudo. Retende o bem"* (I Tessalonicenses 5.21).

Bibliografia

BENSION, Ariel. **O Zohar – O Livro do Esplendor**. São Paulo: Ed. Polar, 2006.
BERG, Yehuda. **O Poder da Cabala – Segredos do universo e princípios da vida**. Rio de Janeiro: Ed. Imago, 2001.
BERNIER, Nathan. **O Eneagrama – Símbolo de tudo e todas as coisas**. Brasília: Ed. Gilgamesh, 2005.
BIALE, David. **Cabala e Contra-História**. São Paulo. Ed. Perspectiva, 2004.
CABALA, CABALISMO E CABALISTAS / (organizadores) Moshe Idel... [et. Al]; [tradução J. Guinsburg, Fany Kon, Nancy Rozencham, Eliana Lamger e Margarida Goldsztajn] São Paulo: Ed. Perspectiva / CIEUCJ da Universidade Hebraica de Jerusalém, 2012 (Coleção de Estudos Judaicos).
CASTRO, José Arnaldo de. Jornada Cabalista – **Cabalá passo a passo**. São Paulo: Ed. Madras, 2005.
EISENBERG, Josy. e STEINSALTZ, Adin. **O alfabeto sagrado**. 2ª. Edição. São Paulo: Ed. Loyola, 2015.
EPSTEIN, Perle. Cabala – **O Caminho da Mística Judaica**. São Paulo: Ed. Pensamento, 1995.
FIELDING, Charles. **A Cabala Prática**. 10ª. Edição. São Paulo: Ed. Pensamento, 2007.
FORTUNE, Dion. **A Cabala Mística**. São Paulo: Ed. Pensamento, 1991.
GABIROL, Samuel. **A Cabala**. Rio de Janeiro: Ed. Record, 1995.
GRAD, A. D. **Para compreender a Cabala**. São Paulo: Ed. Pensamento, 1988.
HALEVI, Z'ev bem Shimon. **O Caminho da Cabala**. São Paulo: Ed. Ágora, 2011.
_____. **A Árvore da Vida**. São Paulo: Ed. Siciliano, 1994.
_____. **Kabbalah e Êxodo**. São Paulo: Ed. Siciliano, 1994.
_____. **Adão e a Árvore Kabbalística**. Rio de Janeiro: Ed. Imago, 1990.
_____. **Trabalho do Kabbalista**. São Paulo: Ed. Siciliano, 1994.
_____. **Universo Kabbalístico**. São Paulo: Siciliano, 1992.
HELLER, Ann Williams. **Cabala o Caminho da Liberdade Interior**. São Paulo: Ed. Pensamento, 1992.
IDEL, Moshe. **Cabala – Novas perspectivas**. Ed. Perspectiva, 2000.

KAPLAN, Arieh. **Sêfer Ietsírá**. São Paulo: Ed. Sêfer, 2001.

KENTON, Warren. **Astrologia Cabalística – Anatomia do Destino**. São Paulo: Ed. Pensamento, 1978.

KLEIBERG, Benita. **A Rosa e a Cabala**. São Paulo: Ed. Pentagrama, 2013.

KLOTZ, Neil Douglas. **Sabedoria do Deserto**. Rio de Janeiro: Ed. Nova Era, 1996.

KOREN, Sigalith H. **Almanaque de Kabala**. São Paulo: Ed. Roka, 2000.

LAITMAN, Rav. Michael. **O Zohar**. Rio de Janeiro: Ed. Imago, 2012.

LEET, Leonora. **A Kabbalah da Alma – Psicologia transformativa e práticas do misticismo judaico**. São Paulo: Ed. Madras, 2006.

LEVI, Eliphas. **A chave dos grandes mistérios**. São Paulo: Ed. Pensamento, 1984.

_____. **Os mistérios da Cabala – ou harmonia oculta dos dois testamentos**. 12ª. Edição. São Paulo: Ed. Pensamento, 2005.

_____. **As origens da Cabala – O Livro dos Esplendores**. São Paulo: Ed. Pensamento, 1984.

LORENZ, Francisco Valdomiro. **Cabala – A Tradição Esotérica do Ocidente**. São Paulo: Ed. Pensamento, 2010.

MATT, Daniel C. **O essencial da Cabala – O coração da cultura judaica em uma análise acessível e inovadora**. São Paulo: Ed. Best Seller, 1995.

MOUSSA, Simhon. **Árvore da Vida – Cabala, ciência ou misticismo?** São Paulo: Ed. Palavra do Mundo, 2015.

_____. Filosofia da Cabala – **Rumo a Da'at, a sefira do conhecimento**. Ed. do Autor, 2010.

O CAIBALION. **Estudo da filosofia hermética do antigo Egito e Grécia**. 22ª. Edição. São Paulo: Ed. Pensamento, 2013.

OUSPENSKY, P. D. **Fragmentos de um ensinamento desconhecido – Em busca do milagroso**. 12ª. Edição. São Paulo: Ed. Pensamento, 1997.

_____. **Psicologia da evolução possível ao homem – Síntese notável, atualíssima, da ciência do desenvolvimento espiritual através da consciência**. 17ª. Edição. São Paulo: Ed. Pensamento, 2016.

PAPUS. **A Cabala**. Tradução: Sociedade das Ciências Antigas. São Paulo: Ed. Martins Fontes, 1988.

PARFITT, Will. **Elementos da Cabala**. Rio de Janeiro: Ed. Ediouro, 1993.

PROPHET, Elizabeth Clare. **Cabala – O Caminho da Sabedoria**. Rio de Janeiro: Ed. Nova Era, 2011.

RASKIN, Aaron Leib. **A Luz das Letras do Alfabeto Hebraico**. São Paulo: Ed. Lubavitch, 2017.

REHFELD, Walter. **Introdução à Mística Judaica**. São Paulo: Ed. Loyola, 2015.

REISLER, Leo. **Kabbalah – A Árvore da sua vida**. Rio de Janeiro: Ed. Nórdica, 1996.

RODRIGUES, Anatalino Rodrigues. **A Maçonaria e a Cabala – A Árvore e a Loja**: A influência da Cabala nos Ritos Maçônicos. São Paulo: Ed. Madras, 2018.

ROTENBERG, Mordechai. **Existência à Luz da Cabala**. Rio de Janeiro: Ed. Imago, 1999.

SCHOLEM, Gershom Gerhard. **A Cabala e seu Simbolismo**. São Paulo: Ed. Perspectiva, 1982.

_____. **A Mística Judaica**. São Paulo: Ed. Perspectiva, 1972.

SENDER, Tova. **O que é Cabala Judaica**. 2ª. Edição. Rio de Janeiro: Ed. Nova Era, 2007.

TEMPORATOR, Frater. **A Cabala Desvendada**. 2ª. Edição. Curitiba: Ed. Biblioteca Rosacruz, 1985.

TORÁ – A Lei de Moisés. Realização: Templo Israelita Brasileiro Ohel Yaacov. São Paulo: Ed. Sêfer, 2001.

TRYON, René de. e HRUBT, Montalembert Kurt. **A Cabala e a tradição judaica**. Lisboa: Ed. Edições 70, 1974.

WESTCOTT, William Wynn. **Uma introdução ao estudo da Cabala**. São Paulo: Ed. Madras, 2003.

WIPPLER, Migene González. **Jesus e a Cabala Mística – Chaves para o Reino**. Ed. Pensamento, 2006.

ZETTER, Kim. Cabala – **Para viver com sabedoria no mundo moderno**. Rio de Janeiro: Ed. Nova Era, 2005.

ZUKERWAR, Chaim David. **As 3 Dimensões da Kabalá**. São Paulo: Ed. Sêfer, 1997.

ZUMERKORN, David. **Numerologia Judaica e seus mistérios**. 3ª Edição. São Paulo: Ed. Maayanot, 2011.

O autor

KADU SANTORO nasceu na década de 1970 no estado do Rio de Janeiro, sob o nome de Carlos Eduardo Santoro Moreira. Ainda no período da infância, fortemente influenciado pelo seu pai, um místico Rosacruz e cabalista descendente de judeus sefarditas, revelou-se um buscador apaixonado pelas tradições espirituais do mundo.

Inspirado pelas tradições esotéricas, em especial pelo misticismo cristão, pela tradição monástica dos Terapeutas do Deserto, pelos gnósticos e cabalistas de Alexandria no Egito, passou por diversas escolas espirituais, entre elas a AMORC – Antiga e Mística Ordem Rosacruz, o Lectorium Rosacrucianum, a Escola do Quarto Caminho de George Ivanovich Gurdjieff, os catolicismos romano e ortodoxo, o protestantismo e o espiritismo, entre outras, sempre buscando o sentido mais profundo e oculto escondido por trás das Sagradas Escrituras.

Publicitário, *designer* gráfico, teólogo graduado pela Faculdade Batista do Rio de Janeiro (FABAT-RJ), Escritor, Pesquisador Independente das Ciências da Religião por mais de 30 anos, com ênfase no esoterismo ocidental, na mística judaica, no hermetismo e no gnosticismo. Preletor em diversos cursos de espiritualidade, Teologia, meditação e Cabala, terapeuta holístico, criador dos encontros Café & Qabbalah, no Rio de Janeiro, promovendo encontros para debates e reflexão sobre os desafios atuais à luz da sabedoria da Cabala.

Livros publicados:

Desvelando o Apocalipse – Uma análise sobre contexto histórico, gênero e simbolismo. Rio de Janeiro: Editora Livre Expressão, 2013.

Cabala – Uma jornada de autoconhecimento. Rio de Janeiro: Editora Gryphus, 2019.

A Cabala e os Chakras – A anatomia dos centros de energia do ser – e-book lançado em 2020.

Além desses livros, Kadu Santoro tem diversos textos e artigos publicados em revistas eletrônicas, blogs e nas redes sociais.